INHALT

## > SZENE

S. 12–15: Trends, Entdeckungen, Hotspots! Was wann wo in Bulgarien los ist, verrät der MARCO POLO Szene-Autor vor Ort

## > 24 STUNDEN

S. 94/95: Action pur und einmalige Erlebnisse in 24 Stunden! MARCO POLO hat für Sie einen außergewöhnlichen Tag in Bulgarien zusammengestellt

## > LOW BUDGET

Viel erleben für wenig Geld! Wo Sie zu kleinen Preisen etwas Besonderes genießen und tolle Schnäppchen machen können:

Klassik und Oper zum Schnäppchenpreis S. 34 | Günstig wohnen auf dem Bauernhof S. 61 | Preiswert und lecker: Szenerestaurant in Ruse S. 75 | Die günstige Alternative zum Mietwagen: unterwegs im Minibus S. 83

## > GUT ZU WISSEN

Was war wann? S. 10 | Spezialitäten S. 26 | Blogs & Podcasts S. 49 | Berühmte Bulgaren S. 63 | Bücher & Filme S. 88 | Das bulgarische Alphabet und Transkription S. 110

**AUF DEM TITEL**
Kunstschätze im Labyrinth S. 51
Hotspot Bulevar Vitoša S. 41

# ENTDECKEN SIE BULGARIEN!

Unsere Top 15 führen Sie an die traumhaftesten Orte und zu den spannendsten Sehenswürdigkeiten

*Die Highlights sind in der Karte auf dem hinteren Umschlag eingetragen*

###  Rilski manastir

Weltbekanntes Kloster im Schoß des Rila-Gebirges. Das Nationalheiligtum der Bulgaren wurde einst von einem Einsiedler gegründet und ist eine architektonische Augenweide voller kulturhistorischer Schätze (Seite 36)

###  Melnik

Die kleinste Stadt Bulgariens ist ein Traum in rötlichem Sandstein. Die Schönheit der Landschaft und die Lage machen das idyllische Städtchen zu einem Muss (Seite 37)

###  Sveti Aleksandâr Nevski

In Sofia steht der wohl prächtigste Kirchenbau des 20. Jhs. auf dem Balkan. Die Kirche wurde nach dem Schutzheiligen des Zaren benannt (Seite 44)

###  Vitoša-Gebirge

Man muss ein wenig Glück mit dem Wetter haben, um den Blick auf Sofia genießen zu können, aber dann ist es wunderschön (Seite 49)

###  Altstadt von Plovdiv

Das alte Thrakien, die osmanische Zeit und das 19. Jh. begegnen sich in Plovdiv in einem verwinkelten Straßengewirr zwischen drei Hügeln (Seite 53)

###  Bačkovski manastir

Die zweitgrößte Klosteranlage Bulgariens wurde 1083 von zwei georgischen Brüdern gegründet. Das architektonisch einzigartige Ensemble vermittelt fast mediterranen Charme inmitten der Rhodopen (Seite 58)

# MARCO POLO

# BULGARIEN

> Ursprüngliche Bergdörfer und
> quirlige Großstädte: Bulgarien ist ein
> Land der Kontraste, eine reizvolle
> Mischung aus Orient und Okzident.
> *MARCO POLO Autorin*
> *Galina Diran*
> (siehe S. 7)

**Spezielle News, Lesermeinungen und Angebote zu Bulgarien:**
**www.marcopolo.de/bulgarien**

# BULGARIEN

## > SYMBOLE

 **MARCO POLO INSIDER-TIPPS**
Von unserer Autorin für Sie entdeckt

★ **MARCO POLO HIGHLIGHTS**
Alles, was Sie in Bulgarien kennen sollten

 SCHÖNE AUSSICHT

 WLAN-HOTSPOT

▶▶ HIER TRIFFT SICH DIE SZENE

## > PREISKATEGORIEN

**HOTELS**
€€€ über 60 Euro
€€ 40–60 Euro
€ bis 40 Euro
Die Preise gelten für zwei Personen im Doppelzimmer pro Nacht mit Frühstück

**RESTAURANTS**
€€€ über 17 Euro
€€ 10–17 Euro
€ bis 10 Euro
Die Preise gelten für ein Essen mit Vor-, Haupt- und Nachspeise inklusive Getränke

## > KARTEN

[114 A1] Seitenzahlen und Koordinaten für den Reiseatlas Bulgarien

[U A1] Koordinaten für die Karte von Sofia im hinteren Umschlag

[0] außerhalb des Kartenausschnitts

Zu Ihrer Orientierung sind auch die Objekte mit Koordinaten versehen, die nicht im Reiseatlas eingetragen sind

> DIE BESTEN MARCO POLO HIGHLIGHTS

 **Koprivštica**
Beeindruckendes Beispiel für Orte aus der Zeit der Wiedergeburt. Wunderschöne Kaufmannshäuser zeugen vom einstigen Reichtum der Stadt (Seite 59)

 **Etâra**
Malerisches Museumsdorf – ein interessant aufbereiteter Einblick in die bulgarische Geschichte (Seite 66)

 **Ruse**
Lange Zeit Bulgariens Tor zur Welt: historische Häuser, mitteleuropäisches Stadtbild, schöner Hafen (Seite 69)

 **Skalni čerkvi pri Ivanovo**
Besterhaltenes bulgarisches Höhlenkloster mit sehenswerten Wandmalereien aus dem Mittelalter (Seite 72)

 **Tombul džamija**
Die Moschee bezeugt Bulgariens dramatische Geschichte (Seite 73)

 **Nesebâr**
Historische Halbinsel: Harmonie von Meer, Küste und Bergen (Seite 79)

 **Altstadt von Sozopol**
Die jüngere der beiden historischen Städte an der Küste (Seite 81)

 **Varna**
Im Sommer tobt auf der langen Strandpromenade bis morgens früh das Leben (Seite 81)

 **Kap Kaliakra**
Die schönsten Felsen an der bulgarischen Schwarzmeerküste (Seite 89)

WAS
FÜR
EIN
LAND!

# AUFTAKT

> Ursprüngliche Bergdörfer und quirlige Großstädte, feine Strände und karge Berge, überschäumendes Temperament und mediterrane Gelassenheit: Bulgarien ist ein Land der Kontraste, eine reizvolle Mischung aus Orient und Okzident. Und weil die Bulgaren gern und ausgiebig rauschende Feste feiern, werden Sie ein äußerst gastfreundliches Land erleben. Ein Land, das für jeden Geschmack etwas bietet: Badeurlaub an den endlosen Sandstränden am Schwarzen Meer, Wandern in den grünen Berge von Rila und Pirin und jede Menge Kultur in den weltberühmten Klöstern und malerisch restaurierten Dörfern. Lassen Sie es nicht warten!

> Strand und Meer – das ist das Bild Bulgariens in den Reisekatalogen, namentlich das Bild der Schwarzmeerküste. Wer diese erlebt hat, kennt tatsächlich einen schönen und wichtigen Teil des Landes. Wer aber nur auf den touristischen Pfaden verharrt, dem wird Sehenswertes entgehen.

Die Natur hat es offensichtlich gut gemeint mit Bulgarien. Eine 378 km lange Meeresküste, dazu noch von Gebirgen durchzogen, dicht bewaldet und seenreich – ein nicht eben übermäßig großes Territorium von etwas mehr als 110 000 km$^2$, also weniger als ein Drittel Deutschlands, ist in reichem Maß mit landschaftlicher Schönheit und Vielfalt beschenkt worden. So hat es für ganz unterschiedliche Vorlieben etwas anzubieten, für Wasserratten oder Skifahrer ebenso wie für diejenigen, die einsam gelegene Gebirgsseen suchen, über dicht bewaldete Hänge von Dorf zu Dorf wandern oder sich einfach die Täler erradeln wollen.

Bulgarien ist natur- und kulturgeografisch ein Übergangsland zwischen Orient und Europa, was auch seine Geschichte und seine Gesellschaft mit geprägt hat. In dieser Übergangslage, die das Land in guten Zeiten zum Bindeglied machte,

> **Übergangsland zwischen Orient und Europa**

wurde Bulgarien zu einem bunten Sammelbecken unterschiedlicher kultureller und gesellschaftlicher Erscheinungen.

Touristisch bekannt wurde das Land vor allem durch die Schwarzmeerküste mit ihrem kargen und felsigen Norden, den großen Seebädern in und um Varna und mit dem feinkörnigen Sand des Goldstrands. In den südlichen Küstenregionen reichen die Ausläufer des Balkans mit ihren

In der Morgensonne macht der Goldstrand seinem Namen alle Ehre

üppigen Weinbergen fast bis ans Meer. Das Land ist abhängig vom Tourismus und passt sich immer mehr an westliche Standards an.

Bunt ist das Leben an der Küste, vor allem im Sommer. Es entstehen Kneipen und Bars, die wahrscheinlich nur für eine Saison bestehen werden, in denen dafür aber umso ausgiebiger gefeiert wird. Doch trotz aller „Ballermann"-Ähnlichkeiten, die man in den großen Hotelburgen durchaus finden kann, legen die Bulgaren immer und überall Wert auf ihre Geschichte und Kultur. Besucher erleben wahrscheinlich kaum ein Gespräch mit einem Einheimischen, in dem sie nicht auf das „Joch", die fast 500-jährige osmanische Fremdherrschaft, hingewiesen werden. Umso größer ist der Stolz auf die bulgarische Kultur, die nicht durch Fremdeinflüsse geprägt wurde. Deren Wurzeln liegen in der Zeit vor

dem 15. und ab Mitte des 19. Jhs. In einer eigenwilligen historischen Interpretation beruft man sich auf die großen Zarenreiche und die Bewegung der Nationalen Wiedergeburt, wobei vor allem Letztere eindrucksvolle kulturelle Denkmäler im Land hinterlassen hat.

Allein eine Reise wert sind die weltberühmten Klöster und der Kreis der Museumsstädte, eine Reihe von Ortschaften, die unter Denkmalschutz stehen. Die bulgarischen Klöster sind Ausdruck einer einzigartigen Verbindung von Natur, Kultur,

> *Weltberühmte Klöster, Orte unter Denkmalschutz*

Religion und Geschichte. Ihre Funktion ging schon immer über das Kirchlich-Religiöse hinaus. Nicht nur das slawische Alphabet – Grundlage der kyrillischen Schrift –, auch bedeutende Schulen der Literatur, Architektur und der bildenden Künste haben ihren Ursprung in den Klöstern. So wandern Besucher beim Rundgang durch die Klöster en passant durch neun Jahrhunderte geistiger, politischer und kultureller Geschichte Bulgariens. Mehrere Klöster bieten auch Übernachtungsmöglichkeiten, die Sie unbedingt einmal nutzen sollten.

Das zweite Prunkstück im Kulturangebot des Landes führt in die Zeit der Nationalen Wiedergeburt. Man stößt fast überall im Land auf ein restauriertes Haus des 19. Jhs. In einigen Regionen finden sich ganze Ort-

# WAS WAR WANN?

## Geschichtstabelle

schaften unter Denkmalschutz, vor allem in Zentralbulgarien. In der Gegend um Veliko Târnovo beispielsweise, wo vor allem das Händlerdorf Arbanasi (17. Jh.) hervorzuheben ist, oder Koprivštica, ein malerisches Dorf zwischen Sofia und Plovdiv, bis hin zu wahren Perlen der Holzbaukunst der Wiedergeburtsarchitektur in Nesebâr und Sozopol am Schwarzen Meer.

Das dritte Highlight ist die Landschaft. Schließlich gibt der Balkan – das Wort stammt aus dem Türkischen und bedeutet „bewaldeter Berg" – einer ganzen Region seinen Namen. Neben dessen Höhenzügen, die das Land von West nach Ost durchziehen, bieten sich vor allem die hohen Gipfel des Rila-Gebirges im Südwesten sowie die Rhodopen im Süden zu ausgedehnten Wanderungen, aber auch Klettertouren an. So ist es kein Wunder, dass das relativ kleine Bulgarien immerhin neun Stätten beherbergt, die von der Unesco in die Liste des Welterbes aufgenommen wurden: das Rila-Kloster, Nesebâr, das Grabmal von Kazanlâk, das thrakische Grabmal von Sveštari, der Reiter von Madara, die Kirche von Bojana, das Höhlenkloster bei Ivanovo, der Pirin-Nationalpark und das Naturreservat Srebârna.

Neben all diesen Schätzen lassen sich jedoch die Probleme des Landes nicht verbergen. Wie viele osteuropäische Länder hat auch Bulgarien mit hohen Arbeitslosenzahlen, fehlenden Absatzmärkten, nicht konkurrenzfähigen Produkten, einer riesigen Schattenwirtschaft und der wachsen-

Geschäftiges Treiben in der Vitoša-Straße in Sofia: Passanten auf dem Weg zur Arbeit

den Armut zu kämpfen. Die Menschen behelfen sich, indem sie noch stärker die Familienbande festigen, um so die finanziellen Nöte Einzelner zu lindern, und mit fantasievoller Improvisation, dem Zauberwort auf dem Balkan: Da wird dann die Garage zur Champignonzucht oder zum Hühnerstall umfunktioniert, ganze Wohnblöcke vermieten ihre Garagen an fliegende Händler; manch einer setzt sich zum Wahrsa-

### > Improvisation heißt das Zauberwort

gen an den Straßenrand oder bietet die Dienste einer alten Waage zur Gewichtskontrolle an.

Allerdings kann dies die ökonomische Lage vieler Menschen weder nachhaltig noch dauerhaft verbessern. Zahlreiche jüngere der rund 8 Mio. Bürger haben im vergangenen Jahrzehnt Bulgarien verlassen, um sich irgendwo im Westen Europas oder in Übersee niederzulassen.

Von den Politikern aller Richtungen sind die meisten Bulgaren früher oder später enttäuscht, was die regelmäßigen Regierungswechsel bezeugen. Kein Wunder, wenn die Nöte der meisten nicht geringer werden, während die Korruption blüht – egal, welche Regierung gerade an der Macht ist.

Doch allen widrigen Umständen zum Trotz – sobald der Winter dem Land den Rücken kehrt, was institutionalisiert zumeist am 1. März gefeiert wird, blühen das Land und seine Menschen regelrecht auf. Die Sonne verbreitet spürbaren Optimismus. Die hochgerühmte bulgarische Geselligkeit kriecht aus den Wohnzimmern auf die Straßen und in die zahlreichen Lokale. Und die Gastfreundschaft scheint in diesem schönen Land sowieso schier unerschöpflich zu sein. Entdecken auch Sie sie!

# ▶▶ WAS IST ANGESAGT?

Trends, Entdeckungen und Hotspots! Unser Szene-Scout
zeigt Ihnen, was in Bulgarien los ist

### Christo Angelov

Seine Liebe gehört der Musik und seiner Heimat Bulgarien. Mit seiner Band Dead Poets zieht er durch die Sofioter Clubs und mischt das Nachtleben auf. Er kennt sich in der Szene aus und ist immer auf der Suche nach den neuesten Trends, nicht nur in Sachen Musik. Christo Angelov hat Germanistik studiert und organisiert Individualtouren durch Bulgarien.

# ▶▶ WELLNESS DE LUXE

### Spa statt Heilbad

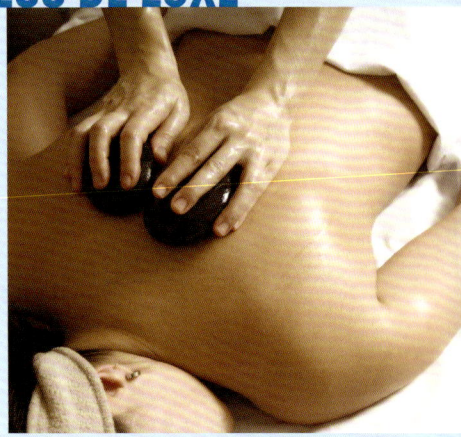

Im Wellnesshimmel wird Bulgarisch gesprochen! Verstaubte Heilbäder sind passé, der Trend geht zum ultramodernen Spakomplex mit gesunden Mineralquellen. Ayurveda- und Danov-Therapien verwöhnen Körper und Geist. Absolut wohltuend sind die Massagen mit Vulkangestein und die Perlenanwendungen im luxuriösen Viersternehotel *Hissar (Hisar, Blvd. Gurko 1, www.hotel hissar.com)* oder das Milchbad à la Kleopatra des *Strimon-SpaClubs (Kyustendil, Tzar Simeon I 24, www.strimon-spaclub.com)*. Und im Fünfsterne-Spahotel *Dvoretsa (Velingrad, Tosho Staikov 8, www.dvoretsa.com)* werden Wellnessträume wahr: Schoko- oder Rosenölbäder in Designerwhirlpools oder ein Openair-Kontrastbad – was will man mehr, noch dazu, wenn es so himmlisch erschwinglich ist?

# ISZENE

## ▶▶ BULGARIAN CHIC

### Fashiontrends vom Balkan

Bulgarische Fashionistas stehen auf ausgefallene Trends und tragen *Capasca:* Das Label hat inzwischen eigene Stores in Stockholm, Skopje – und natürlich in Sofia. In der *Capasca*-Boutique auf Sofias Promenadenboulevard legen jeden Mittwoch angesagte DJs ihre Scheiben auf *(Vitoša 60, www.capasca.com):* Shopping im Rhythmus von House und Elektro. Das Interesse an trendiger Mode macht in Bulgarien auch vor der Politik nicht halt. Evgenia Schivkov ist nicht nur Mitglied der linken Koalition Bulgariens, sondern auch eine gefeierte Designerin. VIPs lieben ihre elegant-sexy Outfits *(www.moda.bg).*

## ▶▶ SOFIA GOES CINEMA

### Filmkultur in der Hauptstadt

Glamour pur in Sofia. Rote Teppiche, Premieren, internationale Filmstars. Wenn Sofia zum Ableger von Hollywood mutiert, ist klar: Das *Sofia Film Festival* steht an. In den zehn Tagen, die es andauert, gibt es in der Stadt kein anderes Gesprächsthema *(1, Bulgaria Sq., www.cinema.bg/sff).* Und das Beste: Die Begeisterung ist mit dem Ende des Events nicht vorüber. Die Programmkinos feiern ein Comeback. *Vlaikova (Zar Ivan Assen II 11),* das *Odeon (Patriacrh Evtimij 1)* oder das *Euro Cinema (Blvd. Stambolijski 17)* sind die Adressen für Cineasten, die auf den besonderen Film stehen.

## ▶▶ WEINKULTUR

### Enotheken in der City

Ökowein ist im Kommen. Das einheimische Getränk aus ökologischem Anbau avanciert zum Lieblingsdrink der Bulgaren. Spätestens seitdem die nordostbulgarische Kellerei *Targovishte* in Frankreich den zweiten Platz bei der Wahl des Chardonnay de Monde bekam, werden die Weine auch international ausgeschenkt *(www.bulgarianwines.org* und *www.vinoto.com)*. Moderne Großstadt-Enotheken bieten Verkostungen der verschiedenen Sorten an *(Sofia, Uno, Blvd. Vassil Levski 45, www.uno-sofia.com; Plovdiv: Vino ot Bulgaria, Artin Gidikov 4,* Foto*)*.

## ▶▶ BUL-GAY-RIA

### In Sofia trifft sich die Szene

Für Bulgariens Schwule und Lesben spielt sich das Nachtleben in Sofia in Heavy Rotation ab – zum Beispiel im angesagten *In Da Club (Sofia, Zar Samuil 33)*. Aktuelle Adressen und Infos im Internet unter *www.bulgayria.com*. Prominente Sofioter scheuen inzwischen nicht mehr die Öffentlichkeit und outen sich. Allen voran Dim Dukov. Dessen *Hotel Scottys* in Sofia gilt als Symbol der Bewegung. Jedes der Zimmer hat Dukov individuell und liebevoll ausgestattet *(Ekzarh Iosif, www.scottyshotel.com,* Foto*)*.

## ▶▶ POPFOLK

### Sound of Bulgaria

Internationale Trends inspirieren die Musikszene. Der neue Sound hat einen Namen: Čalga! Der Mix aus Rhythmen der bulgarisch-orientalischen Folklore und poppigen Sequenzen stürmt die Charts, und das Musikfernsehen *Planeta (www.planeta.tv)* sendet deren Videoclips rund um die Uhr. Ein Popfolkkonzert jagt das nächste. Die Helden der Szene: Extra Nina, Preslava, Azis und Magapassa. Das erfolgreichste Label: *Payner (www.payner.bg,* Foto*)*. Die besten Live-events finden im Sofioter *Planeta Club (Graf Ignatiev 6, Tel. 987 94 94, www.planeta-club.com)* statt.

# ▶▶ COFFEESHOPS

### Köstliche Kaffeekultur

Coffeeshops sind auf dem Vormarsch. Immer mehr internationale Kaffeehausketten eröffnen ihre Filialen in Bulgarien. Allen voran *Costa Coffee (Al. Batemberg 10B, Sofia)* und *Onda Café (Blvd. Zar Osvoboditel 8A, Sofia,* Foto). In stylischem Ambiente werden hier Café au Lait und Cappuccino genossen. Und es wird noch mehr Kaffee getrunken: Der klassische türkische Kaffee erfährt ein Revival. In immer mehr Bars und Cafés steht er wieder auf der Getränkekarte. In der Konditorei *Ptschela (Sofia, Tsar Ivan Assen II)* gibt es ihn klein, schwarz, stark und besonders lecker.

# ▶▶ ADRENALIN PUR

### Action und Abenteuer in der Natur

Abenteuer als Hobby. Immer mehr Bulgaren brauchen den Adrenalinkick. Kayaking, Canyoning und Höhlenwanderungen boomen. Rein in die Natur und seine Kräfte mit den Elementen messen. Der Trend setzt sich fort und greift sogar aufs Berufsleben über: Bulgarische Unternehmen entdecken die Extremsportarten für sich und nutzen sie zum motivierenden Teambuilding. Die besten Anbieter des Landes sind *Extremus (www.extremus.info)* und *river adventure (www.river-adventure.com)*.

## FAUNA UND FLORA

Bulgarien hat zwei Gesichter: das satte Grün und die volle Blüte der zahlreichen Felder und Plantagen des fruchtbaren Bodens und das karge, verbrannte Braun des Spätsommers, wenn das Land der Sonne seinen Tribut zollt. Die Pflanzen- und Tierwelt weisen ebenfalls auf den Grenz- und Übergangscharakter Bulgariens hin. Nördlich des Balkans und in den Gebirgsregionen herrscht eine mitteleuropäische Vegetation vor, der Süden ist eher mediterran: Ölbaum, Myrte, Zypresse und immergrünes Eichenbuschwerk. Etwa ein Drittel des Landes ist bewaldet, davon sind 25 Prozent Nadelwälder, vor allem im Pirin- und im Rila-Gebirge. Den größeren Teil nehmen die Laubwälder ein. Wildtiere gibt es nur noch vereinzelt, in den Waldgebirgsregionen kommen Braun-

Bild: Musiker vor einem Wiedergeburtshaus

# STICH WORTE

bären, Wölfe, Luchse, Füchse, Wildschweine, Hirsche, Rehe und Gämsen vor; als Haustiere werden auch Büffel, Esel und Maultiere gehalten. Wasserverschmutzung und Fischfang haben den Fischbestand des Schwarzen Meeres arg strapaziert. Robben und Delphine sind fast ausgestorben, selbst der Steinbutt ist in Gefahr. In den Süßgewässern tummeln sich vor allem Forellen und Karpfen.

## HORO

Auf dem Dorf wird dieser Reigentanz bei keinem Fest fehlen, in den touristischen Zentren in keinem Lokal mit folkloristischem Programm. Lassen Sie sich nicht von den meist komplizierten Taktarten abschrecken. Die Vortänzer sind höchst flexibel und improvisieren häufig die Schrittformen. Wenn Sie sich einreihen, werden Sie anfangs vielleicht ab und zu aus dem Takt, niemals aber aus dem Reigen geraten. Ihre Nachbarn halten Sie fest und führen Sie gern und geduldig in den Rhythmus zurück.

## KIRIL UND METODIJ

Die Brüder Kyril (ursprünglich Konstantin, geboren 826 oder 827, gestorben 869) und Metodij (geboren um 815, gestorben 885), im Westen allgemein unter der Bezeichnung „Slawenapostel" bekannt, sind die Begründer des slawischen Alphabets („glagolitische Schrift"), der slawischen Schriftsprache und Literatur. Sie wurden in Saloniki (dem heutigen Thessaloniki) geboren und erhielten ihre Ausbildung in Byzanz. Auf Bitten des mährischen Fürsten Rostislaw wurden sie vom byzantinischen Kaiser Michael III. nach Mähren entsandt, um dort die Slawen in ihrer Muttersprache in der christlichen Lehre zu unterweisen und damit dem deutschfränkischen Einfluss zu begegnen. Kurze Zeit nach der glagolitischen Schrift wurde ein weiteres Schriftsystem begründet, das zur Niederschrift altslawischer Texte diente. Es erhielt, wiewohl es nicht von Kyrill stammte, den Namen „Kirilica". Die Verehrung für die beiden Slawenapostel ist bei den Bulgaren über alle politischen Systeme hinweg lebendig geblieben. Am 24. Mai, früher der Tag der beiden Heiligen, der heute nach dem Kirchenkalender wieder auf den 11. Mai fällt, wird der „Tag der bulgarischen Bildung und Kultur" begangen.

## LE MYSTÈRE DES VOIX BULGARES

Das „Wunder der bulgarischen Stimmen" ist ein Chor aus Sofia, 31 Damen im Alter von 18 bis 60, die „sinfonischen Bäuerinnen". Mit der Mischung aus bulgarischer Chormusik und spanischen, französischen und deutschen Liedern aus dem 12.–14. Jh. eroberte die Gruppe nicht nur die

> *www.marcopolo.de/bulgarien*

großen Konzertsäle, sondern stieß gar in die Popcharts vor. Eine hypnotisierende Wirkung scheint von den fremdartigen Klängen auszugehen.

## MARTENICA

Am 1. März überreichen sich im ganzen Land die Menschen gegenseitig die Martenica – rot-weiße Troddeln aus Wolle, meist zwei, die jeweils an einem roten oder weißen Wollfaden baumeln und oben miteinander verknotet sind. Die Martenica ist ein Symbol, mit dem man dem oder der Beschenkten Gesundheit wünscht und gleichzeitig den beginnenden Frühling feiert. Traditionell gilt die Martenica auch als Symbol für Fruchtbarkeit, weswegen sie zuweilen auch jungen Tieren oder Obstbäumen angehängt wird.

Martenica: rot-weißer Frühlingsgruß

## MINDERHEITEN

Mehr als ein Sechstel der insgesamt ca. 8 Mio. Einwohner Bulgariens gehört nicht dem Staatsvolk der südslawischen Bulgaren, sondern einer der nationalen bzw. ethnisch-religiösen Minoritäten an: 800 000 Türken, 250 000–300 000 Bulgarisch sprechende Muslime (die den für sie verwendeten Ausdruck „Pomaken" nicht gerne hören) und mindestens 400 000 Roma.

Das Verhältnis zwischen Bulgaren und Türken verschlechterte sich Mitte der Achtzigerjahre rapide, als die Kommunistische Partei 1984 eine Bulgarisierungskampagne startete und die Türken zwang, bulgarische Namen anzunehmen und von ihren Bräuchen, ja selbst vom Gebrauch ihrer Sprache in der Öffentlichkeit abzulassen. Bei einem Massenexodus verließen 1989 rund 300 000 Türken das Land, von denen nach der politischen Wende etwas mehr als die Hälfte zurückkehrte. Seit Beginn der Neunzigerjahre hat sich das bulgarisch-türkische Verhältnis beruhigt, wozu auch die Zulassung einer politischen Interessenvertretung der türkischen Minderheit beitrug.

Gravierender noch ist in der jüngsten Vergangenheit die problematische Lage der Roma zu Tage getreten, die über das ganze Land verteilt sind und am Rand der Großstädte in gettoartigen Vierteln leben. Die Roma werden von allen anderen Gruppen abgelehnt, und auch integrationswillige Roma stoßen auf einhellige Zurückweisung. In einzelnen Städten hat dies dazu geführt, dass Teile der Romaviertel für Nichtroma unzugänglich sind.

# MUSIK

Die Bulgaren sind ein musikbegeistertes, musizierendes und seine Musiker tief verehrendes Volk. Die traditionell wichtigsten Anlässe, fast schon rituelle Feierlichkeiten – die Hochzeit und der Aufbruch zum Militärdienst –, sind in ihrem Ablauf durch die Musik gekennzeichnet.

Die bulgarische Volksmusik kann neben der Kirchenmusik auf die ältesten Traditionen zurückblicken. Melodien in antiken oder mittelalterlichen Tonleitern, eine unregelmäßige Rhythmik, gerade Taktarten mit ungleichem Periodenbau, Dissonanzen und ein polyfonischer Effekt verleihen der Musik einen ganz eigentümlichen Reiz.

Auch die jungen Bulgaren lieben Volksmusik, allerdings in einer verpoppten Art, die *Čalga* genannt wird. Im Sommer finden überall im Land Popfolkkonzerte mit den Stars und Sternchen dieser Musikrichtung statt. Vor allem in den Zentren hat sich eine eigene Technoszene abseits des Mainstreams etabliert.

# NATIONALE WIEDERGEBURT

Der 2. Juni ist eines der ganz besonderen Daten in Bulgarien. Um Punkt 12 beginnen alle Sirenen im Land zu heulen, die Menschen halten inne in ihrer Arbeit, an den Kreuzungen stoppt der Verkehr. Grund der Übung ist kein Sirenentest, sondern das Gedenken an Christo Botev, Dichter, Revolutionär, Freiheitskämpfer. Die Periode zwischen 1762 und 1878 ist als Zeit der Nationalen Wiedergeburt in die Geschichtsbücher Bulgariens eingegangen. Sie lieferte den kulturellen, geistlichen und politischen Nährboden für das neuzeitliche Bulgarien und führte schließlich zur staatlichen Selbstständigkeit des Landes. Den Anstoß zur kulturellen Erweckung, der ersten Phase der Wiedergeburt, gab der Mönch Paisij, der 1762 das erste Werk über die slawisch-bulgarische Geschichte vollendete. Hauptziel des Werkes war die Weckung eines nationalen Bewusstseins des Volkes für seine Vergangenheit, seine Sprache und sein Brauchtum. Im 19. Jh. führte die von Paisij verursachte Bewegung zum Kampf um eigene Schulen und eine eigenständige Kirche, die Loslösung vom griechischen Patriarchat in Konstantinopel, was 1870 erreicht wurde. Zu dieser Zeit hatte sich bereits eine teils national, teils demokratisch geprägte Bewegung formiert, die den Kampf für die politische und staatliche Befreiung vom Osmanischen Reich aufnahm. Höhepunkt dieser Bewegung war der Aprilaufstand 1876, der aber blutig niedergeschlagen wurde. Zwei Jahre später erlangte Bulgarien als Folge des Russisch-Türkischen Krieges die staatliche Selbstständigkeit. Der Aprilaufstand, bei dem viele Revolutionäre ihr Leben lassen mussten, ging als heroische Legende ins historische Gedächtnis des Volkes ein.

# POLITIK

Die aus der sozialistischen Ära stammende Verfassung wurde 1990 zunächst geändert, 1991 wurde dann eine neue angenommen. Bulgarien ist seither eine Republik, deren politisches System die parlamentarische Demokratie ist. Das Staatsoberhaupt wird seit 1992 direkt vom Volk gewählt. Seit dem 1. Januar 2007 ist das Land Mitglied der EU. Endlich in Europa angekommen, sagen viele Bulgaren. Vor allem die Jüngeren erwarten davon eine Verbesserung der wirtschaftlichen Lage.

## RAKIJA

Schnaps – das ist in Bulgarien oft nicht das letzte, sondern vor allem beim Essen das erste Wort. Denn ein echtes bulgarisches Mahl beginnt üblicherweise mit *rakija* und einem kleinen Salat. Obwohl *rakija* auch der Sammelbegriff für Schnaps ist, verstehen die Bulgaren darunter vor allem Obstschnaps (meist aus Trauben oder Pflaumen). Die besten dieser Schnäpse gibt es – natürlich – bei den Einheimischen zu Hause. Schnapsbrennen ist in Bulgarien nicht nur legal, es ist geradezu ein Volkssport. Und selbstverständlich wetteifern viele Bulgaren darum, wer den besten Selbstgebrannten zu Stande bringt. Die meisten Eigenproduktionen sind schmackhaft, rein und bekömmlich – wenn man die gewohnte und nicht unbedingt die von einigen Einheimischen bevorzugte Dosis einhält.

In Paradeuniform: Wachwechsel am Präsidentenpalast

# HAUPTSACHE, FESTE

Nicht nur Klassik, Jazz und Oper – die Bulgaren feiern auch ihre Rosen und ihren berühmten Joghurt

> Böse Zungen behaupten, dass die Bulgaren am liebsten das ganze Jahr durchfeiern, auch wenn ihnen oft gar nicht danach zumute ist. Die höchsten Feiertage im Kalenderreigen sind die Osterfeiertage und Weihnachten. Außerdem werden der Nationalfeiertag am 3. März und der nationale Kulturfeiertag (24. Mai) hoch angesehen. Sehr ausgiebig feiern die Bulgaren ihre Namenstage. Dazu wird nach Landesbrauch nicht eingeladen, sondern jeder ist ein gern gesehener Gast. Die überwältigende Mehrheit der Muslime begeht zudem die religiösen Feiertage des Islam.

### OFFIZIELLE FEIERTAGE

**1. Jan.** Neujahr; **3. März** Nationalfeiertag; **Ostermontag** (Termin richtet sich nach dem orthodoxen Kalender); **1. Mai** Tag der Arbeit; **6. Mai** Tag der bulgarischen Armee; **24. Mai** Tag der bulgarischen Bildung und Kultur, im Volksmund Kiril und Metodij; **6. Sept.** Tag der Vereinigung; **22. Sept.** Tag der Unabhängigkeit; **1. Nov.** Tag der Volksaufklärer; **24., 25. und 26. Dez.** Weihnachten

### FESTE & FESTIVALS

Es gibt zahlreiche Festivals der klassischen Musik, des Jazz und der Folklore. Besonders beliebt bei den Bulgaren sind die sogenannten *săbori*. Bei diesen volkstümlichen Festen auf dem Lande wird leidenschaftlich musiziert und getanzt, aber auch ausgiebig gegessen und getrunken.

*Insider Tip*

**März/April**
1. März: *Frühlingsanfang*. Zur Verabschiedung des Winters überreicht man sich gegenseitig die *martenica*, zwei kleine, rot-weiße Troddeln an den Enden eines rot-weißen Fadens. Sie dürfen erst wieder abgenommen werden, wenn ein Storch gesichtet wurde.
März: *Beginn der Fastenzeit*. Männer in Tierkostümen *(kukeri),* mit Fruchtbarkeitssymbolen behängt, ziehen durchs Dorf und tanzen auf dem Dorfplatz.

# > EVENTS
# FESTE & MEHR

**März:** *Internationales Filmfestival* in Sofia.
**März:** internationales Festival *Martenski musikalni dni* für sinfonische, Kammer- und Opernmusik in Ruse.
**Acht Tage vor Ostersonntag:** *Lazarovden*, Fruchtbarkeitswünsche und Brautschau – junge Mädchen in Nationaltrachten singen und tanzen.

### Mai
**6. Mai:** *Georgievden:* Tag des Schutzheiligen der Armee – im ganzen Land finden Militärparaden und Feierlichkeiten statt.
In ungeraden Jahren: *Festival des Humors und der Satire* in Gabrovo, sehr beliebt bei Bulgaren.
**21. Mai:** *Nestinarstvo:* zum Namenstag der Heiligen Elena und des Heiligen Konstantin rituelle Feuertänze auf glühenden Kohlen. Vor allem im Südosten des Landes (Bâlgari, Brodilovo, Rezovo).

### Mai–Juli
*Sofiiski musikalni sedmizi:* Festival für klassische und moderne Orchestermusik in Sofia.

### Juni
Anfang des Monats: *Festival der Rosen* in Karlovo und Kazanlâk. Rituale der Rosenernte in folkloristischer Darbietung.

### Mitte Juni–Mitte August
*Varnaer Sommer:* klassische Musik, Oper und Ballett – ein renommiertes Festival mit vorzüglichen Ensembles aus aller Welt, Ballettwettbewerb alle zwei Jahre.

### Juli
*Joghurt-Festival* in Razgrad. „Lactobazillus bulgaricus" sei Dank ist der bulgarische Naturjoghurt weit über die Landesgrenzen hinaus bekannt. Das Sauermilchprodukt wird auch in Gaststätten angeboten.

### August
*Folklorefestival* in Koprivštica, eine Mischung aus Popfestival und mittelalterlichem Jahrmarkt.
*Internationales Jazzfestival* in Bansko.

### September
*Apolonia-Festival der Künste* in Sozopol.

# > OHNE SCHNICKSCHNACK

Einfach, aromatisch und gesund:
Entdecken Sie die Vielfalt der bulgarischen Küche!

**> Die Bulgaren messen dem Essen eine große Bedeutung bei. Ihre Küche ist schmackhaft und abwechslungsreich.**

Die Qualität der Küche hat sich in letzter Zeit enorm verbessert. Auch die Auswahl an Restaurants ist heute größer denn je. Neben klassischen Restaurants, seien sie staatlich oder privat geführt, gibt es volkstümlich eingerichtete, kleine Wirtshäuser *(han, hanče)*. *Mehana* nannte man früher die einfache Kneipe; heute werden in diesen typisch bulgarischen Lokalen neben Bier, Schnaps und Wein auch frische Salate, Gegrilltes und Regionalgerichte serviert. Für Qualität bürgt nach wie vor das traditionelle Restaurant *(restorant)*.

In den letzten Jahren hat sich in den Stadtkernen auch ein reichhaltiges Angebot an sogenannten Kaffeehäusern entwickelt. Die wichtigste volkstümliche Einrichtung ist indes die traditionelle *sladkarnica* geblie-

Bild: Straßencafé in Sozopol

# ESSEN & TRINKEN

ben, der „Ort fürs Süße", wie der Name sagt, also eine Art Konditorei. Bei der Bestellung des Kaffees sollten Sie die gewünschte Art spezifizieren (Espresso, Cappuccino, Nescafé oder türkischen Kaffee), sicherheitshalber auch den Grad der Süße, da etwa beim türkischen Kaffee der Zucker mitgekocht wird.

Daneben gibt es noch eine Fülle von Buden und Ständen: Da die Bulgaren gern knabbern, stehen überall Stände mit Erdnüssen, Sonnenblumen- und Kürbiskernen.

In den großen Hotels der touristischen Zentren können Sie meistens mit einem guten Essen rechnen; die Preise erreichen hier allerdings westeuropäisches Niveau. In den anderen Restaurants sind die Preise durchweg erschwinglich: Zwei Personen werden für ein Menü und eine Flasche bulgarischen Wein selten mehr als 30 Euro ausgeben.

Die bulgarische Küche ist durch die reiche Verwendung von Gemüse und Früchten in einer Vielzahl von Gerichten bekannt. Berge von Wassermelonen türmen sich ab dem Frühsommer an Straßenrändern oder in Stadtparks. Im Herbst werden die Melonenberge von Kürbissen, später dann von Kohlköpfen abgelöst. Man ist hier stolz auf die im Land angebauten Früchte. Spätestens wenn Sie einmal bulgarische Tomaten gekostet haben, werden Sie verstehen, warum.

Das Frühstück hat in Bulgarien – wie in allen südeuropäischen Ländern – keine besonders große Be-

*baklava* – sehr süße siruphaltige Blätterteigtaschen, meist mit Nüssen gefüllt

*banica* – Blätterteigtaschen, mit Schafskäse gefüllt

*gjuveč* – im Topf gebackene Mischung aus Gemüse mit Fleisch und Kartoffeln

*kačamak* – eine Art Maisbrei, mit Ei und Käse überbacken, im Tontopf serviert

*kavårma* – Gulasch vom Hammel oder Schwein mit Gemüse und Tomatenmark im Tontopf serviert

*kebapče* – Hackfleischröllchen vom Grill

*kjopoolu* – Auberginensalat. Es gibt ihn nicht überall, aber wenn, sollte man ihn probieren!

*kjufte* – Hackfleischklößchen vom Grill

*lukanka* – salamiartige Wurst, die auf Platten in Scheiben geschnitten serviert wird

*mešana skara* – gemischtes Fleisch vom Grill

*musaka* – Auflauf mit Auberginen, Tomaten und gehacktem Fleisch

*ovčarska* – Hirtensalat: gemischter Salat mit Schinken, Oliven und geriebenem Schafskäse

*palačinka* – gefüllter Pfannkuchen (mit Schokolade, Marmelade etc.)

*sirene po šopski* – im Tontopf gebackener Schafskäse mit Tomaten und Ei

*skumrija* – gegrillte Makrele, ein Klassiker der bulgarischen Küche

*snežanka* – Gurkensalat in eingedicktem Joghurt, mit Walnussstückchen garniert

*šopska-salat* – der bulgarische Klassiker: Tomaten-Gurken-Salat mit Paprika und geriebenem Schafskäse darauf (Foto)

*tarator* – kalte Gurkensuppe, angemacht mit Dill, Walnüssen und viel Knoblauch. Sehr erfrischend, vor allem in den Sommermonaten

# ESSEN & TRINKEN

deutung. In den Hotels hat man sich natürlich mit einem entsprechenden Angebot an die mitteleuropäischen Gewohnheiten angepasst. Wenn Sie sich aber allein auf die Suche nach einem Frühstück irgendwo in einer Stadt aufmachen, werden Sie vermutlich zu den beliebten Backwaren greifen müssen. Hierzu zählt die *banica*, oft auch unter ihrem türkischen Namen *bjurek* geläufig, meist mit Schafskäse, zuweilen auch mit Hackfleisch gefüllter Blätterteig. Man bekommt sie in Lokalen, die eine Mischung aus Bäckerei und Snackbar darstellen. Die pfannkuchenartige, mit Puderzucker bestreute *mekiza* ist vor allem bei Kindern ein Renner.

Die bulgarische Hauptmahlzeit beginnt meist mit einem Salat, der vor allem die Funktion hat, den Schnaps zu begleiten, den man als Aperitif zu sich nimmt. Von den zahlreichen ihrer starken und angenehmen Obstschnäpse rühmen die Bulgaren am meisten den Pflaumenschnaps *Trojanska slivova*. Außerdem zu empfehlen sind die etwas milderen *muskatova*-Sorten, vor allem der *Burgaska muskatova* oder *Slivenska Perla*. Zu den Hauptgerichten wird oft keine Beilage, sondern nur Brot gereicht. Als „Garnitur", wie es im Bulgarischen heißt, sind bevorzugt Beilagen aus Kartoffeln zu empfehlen.

Der bulgarische Wein kann auf eine fast 5000-jährige Tradition zurückblicken. Schon Homer erwähnt in seiner *Ilias* die regelmäßigen Lieferungen von thrakischem Wein, die die Tore Trojas erreichten, und auch in der Odyssee findet der „wie Honig süße Wein" Erwähnung. Zwar ist das Land für Liebhaber ausschließlich sehr trockener Weine immer noch kein Traumziel, doch das Angebot ist inzwischen viel größer geworden.

Sommelier mit zwei guten Tropfen

Die besten Rotweine sind vollmundig und robust, viele der guten Weißweine zeichnet ein angenehmes Bukett aus. Unter den einheimischen Rebsorten gehören sowohl ihrer Qualität wie auch ihrer mengenmäßigen Bedeutung nach *Gâmza, Mavrud, Pamid, Dimjat* und *Misket* zu den Spitzenreitern. Reine Dessertweine sind der *Mavrud* aus Asenovgrad und der *Misket Slavjanska*.

Bulgarien
Rose oil

# DAS ABENTEUER DER ENTDECKUNG

Geben Sie sich dem bizarren Charme der exotischen Ramschmärkte hin

> Shopping kann zu einem faszinierenden Erlebnis eines Bulgarienaufenthaltes werden – wenn man für Überraschungen offen ist, die Geduld nicht zu rasch verliert und den Einkaufsbummel als ausgedehnten Spaziergang begreift. Grundsätzlich gilt, dass viele Händler alles verkaufen, was ihnen unter die Finger kommt. Egal ob Lebensmittel, Kleidung oder Souvenirs: Außerhalb der Touristenzentren sind die Preise wesentlich niedriger.

### BASARE

Auf keinen Fall sollten Sie Bulgarien verlassen, ohne die unterschiedlichen Arten von Märkten genossen zu haben. Besondere Einblicke in den bulgarischen Alltag gewinnen Sie auf den Basaren: Außerhalb der Stadtzentren haben sich welche etabliert, für die Flohmarkt eine verniedlichende Bezeichnung wäre. Ramsch jeglicher Art wird hier feilgeboten, von der verrosteten Mistgabel bis zum krächzenden Grammofon. Viele Anbieter kommen aus Russland, der Türkei, dem früheren Jugoslawien. Grund-

regel auf diesen Märkten: Handeln Sie, was das Zeug hält! Meistens wird zuerst einmal ein völlig utopischer Preis angesetzt. Das Feilschen ist primär unter sportlichem Aspekt zu sehen und macht auch Spaß.

### KLEIDUNG UND SCHUHE

Kleidung und Schuhe gibt es für jeden Geschmack und für jedes Alter. Die Zahl der kleinen Boutiquen in den Städten ist riesig, die Preise: von richtig teuer bis Schnäppchen. Vorsicht ist bei Markenwaren geboten. Oft handelt es sich um ein billiges Imitat. Pelzkleidung und Luxusartikel guter Qualität gibt es hauptsächlich in Sofia und in den größeren Städten.

### KUNST UND ANTIQUITÄTEN

In den letzten Jahren ist die Zahl der Kunstgalerien in den Städten und in den Tourismuszentren enorm angestiegen. Sie bieten Kunstwerke verschiedener Art – von Gemälden und Plastiken bis Schmuck und Handwerksprodukten. In den Antiquitätenläden findet man Mö-

# > EINKAUFEN

bel, Uhren, Geschirr, Kleinkram. Solche Läden gibt es vor allem in den großen Städten, sie sind oft sehr klein und vollgestopft. Hier zu stöbern lohnt sich und der Preis ist fast immer verhandelbar.

## MÄRKTE

Im Vorübergehen können Sie sich auf den Lebensmittelmärkten mit Obst oder Gemüse versorgen. Jede größere Stadt hat zumindest einen solchen offenen Markt, auf dem Sie sich einen Überblick über das lokale und regionale Angebot verschaffen können. Vor allem aber sind diese Plätze bunte Tupfer des Alltags.

## MITBRINGSEL

Lohnend sind *Töpferwaren, Porzellanservice, Lederwaren* und *Besticktes* (Blusen, Tischdecken); *Kupfer-* und *Zinngefäße* nur dann, wenn Sie das seltene Glück haben, auf ältere Stücke zu stoßen. Zu den typischen Souvenirs gehören *Rosenöl* (in einem hübschen, kleinen Holzgefäß), *Puppen* in ländlicher Tracht und *Holzschnitzereien* aller Art. Anspruchs-

volle Produkte nicht nur dieser Art bieten die Geschäfte des Verbandes der bulgarischen Künstler an.

## SHOPPING-MALLS

Wenn die Bulgaren in letzter Zeit von Einkaufen sprechen, benutzen sie immer öfter das englische Wort „Mall". Die Mode der Rieseneinkaufszentren ist auch in Bulgarien angekommen – und boomt. In den Malls kann man nicht nur einkaufen, sondern seine neuen Klamotten vorführen, Freunde treffen, etwas essen, ins Kino gehen und entspannen. Malls mit WLAN gibt es vor allem in Sofia.

## SPIRITUOSEN

Es lohnt sich, den Pflaumenschnaps *Trojanska slivova* mitzunehmen, ebenfalls den Weinbrand *Pliska,* den Anisschnaps *Mastika* oder die besten Rotweine. Vorsicht ist am Platz, wenn Ihnen an Straßenständen importierte Getränke zu unglaublich niedrigen Preisen angeboten werden: Nicht immer ist das drin, was draufsteht.

# > HOHE BERGE, GROSS-STADTTRUBEL

Die wilden Gebirgszüge von Pirin und Rila – und als Kontrast Sofia, die Kulturmetropole

> **Der Westen Bulgariens besteht im Grunde aus drei Teilen, die unterschiedlicher nicht sein könnten.**

Der Nordwesten des Landes – vom Tourismus noch weitgehend unberührt – ist dünn besiedelt, wirtschaftlich schwach, und der Zustand mancher Straßen lässt noch sehr zu wünschen übrig. Der von ursprünglicher Natur geprägte Südwesten dagegen ist für Urlauber leichter zu bereisen. Do-

miniert wird die Region aber von der bulgarischen Hauptstadt.

Südlich vom Balkangebirge breitet sich die Metropole Sofia aus, umringt von Bergen. In der mit Abstand größten Stadt des Landes lebt jeder siebte Bulgare. Die Bedeutung des Ortes rührt von seiner Lage als Schnittpunkt der wichtigsten Verbindungslinien auf dem Balkan: Durch ihn führen die Wege von Wien nach Istanbul, vom Schwarzen Meer zur

Bild: Akademie der Wissenschaften und Aleksandâr-Nevski-Kathedrale in Sofia

# WEST BULGARIEN

Adria und von der Donau zur Ägäis.
Diese Lage zog schon früh erste
Siedler an und später dann Feld-
herren und Eroberer. Nach der Ausgliederung aus dem Osmanischen
Reich 1878 wurde der Ort erstmals
die Hauptstadt eines bulgarischen
Staates, und damit begann seine
rasante Expansion, die ihn binnen
weniger als einem Jahrhundert von
rund 20 000 Ew. zur Millionenstadt
machte. In dieser Zeit entstand das

Wort, das Sofia gerne als sein Motto
ausgibt: „Stets wachsend, niemals
alternd".

Die landschaftliche Lage ist eine
der Hauptattraktionen der Stadt. Im
Norden grenzt sie an den Balkan,
im Osten an das Mittelgebirge
Sredna Gora, und im Süden liegt das
Rila-Gebirge, das man innerhalb einer Stunde mit dem Auto erreichen
kann. Das Sahnehäubchen ist aber
das praktisch unmittelbar zur Stadt

gehörende Vitoša-Gebirge im Südwesten. Weniger als 10 km vom Zentrum Sofias entfernt erheben sich dessen erste Gipfel über der Stadt, ihr allgegenwärtiger, überall sichtbarer Begleiter. Natürlich war das Vitoša-Gebirge seit alters das beliebteste Ausflugsziel der Sofioter und ist dies bis heute auch geblieben.

**Vitoša-Gebirge: mit der Seilbahn hinauf**

Wer einen Teil seines Urlaubs abseits vom touristischen Rummel verbringen und das „eigentliche" Bulgarien aufspüren will, wird im Südwesten des Landes reichlich belohnt. Mit seinen beiden Massiven Rila und Pirin, seiner Fülle an Gebirgsseen, Flüssen und Mineralquellen, seinen malerischen Ortschaften und alten Klöstern präsentiert das Gebiet landschaftliche Vielfalt in selten bewahrter Ursprünglichkeit. Beherrschend sind die Gebirgszüge Pirin und Rila, von denen der Pirin etwas wilder ausfällt, doch ist auch er

leicht zugänglich. Wegen des seltenen Reichtums und der Vielfalt der Pflanzen und Tiere wurde ein Areal von 274 km² im Pirin-Gebirge zum **Nationalpark** erklärt, der unter Unesco-Schutz steht. Gebirgswanderrouten führen zu den Gipfeln Vichren (2914 m), Kutelo (2908 m) und Todorka (2746 m), vorbei an vielen der fast 180 Gletscherseen.

**Insider Tip**

Ebenso eindrucksvolle Bilder bietet das Rila-Gebirge mit seinen 132 Zweitausendern, von denen 78 über 2500 m erreichen, darunter der Musala, mit 2925 m die höchste Bergspitze Südosteuropas. Zwischen den spitzen Bergzacken liegen in deutlich umrissenen Gletschertälern die „Augen" des Gebirges: 140 Seen aus der Eiszeit. Eine Augenweide ist vor allem der Anblick der sieben Rila-Seen auf 2200–2500 m Höhe. Im Rila-Gebirge entspringen auch die von der Donau abgesehen größten Flüsse des Landes, Iskâr, Marica und Mesta sowie zahlreiche Mineralquellen, weswegen sich im Südwesten viele Heilbäder und Kurzentren konzentrieren (Sandanski, Velingrad, Devin, Kjustendil).

Mit der bulgarischen Geschichte wird man vor allem durch die Klöster in Berührung kommen, in erster Linie natürlich durch das Nationalheiligtum in Rila, dann durch die Anlage von Rožen, die in der Nähe von Melnik liegt. Aber auch die bewegte Vergangenheit und vielleicht zuweilen die Gegenwart Makedoniens wird beim Bummeln durch die Ortschaften lebendig. Denn der Südwesten beherbergt mit dem Pirin-Gebiet jenen Teil von Makedonien, der bei der Dreiteilung

1913 an Bulgarien fiel. Zahlreiche Denkmäler, Museen und Städtenamen sind berühmten Vertretern der makedonischen Bewegung wie etwa Goce Delčev oder Jane Sandanski gewidmet.

## BANSKO

[121 D4] 🌣 ▶▶ **Am Fuß des Pirin-Gebirges, im Tal von Razlog, liegt der Eingang zum Nationalpark Pirin – die 12 000 Menschen zählende Gemeinde Bansko. In** den letzten Jahren hat sich dieses Gebiet, für das lange, schneereiche Winter und kurze, ziemlich kühle Sommer kennzeichnend sind, zu einem der führenden ==Wintersport-zentren== des Landes gemausert. In der schneefreien Zeit zieht es Reisende vor allem in den alten Stadtkern.

Insider Tipp

Bereits im 18. Jh. hatte sich Bansko zu einem blühenden Zentrum der Region entwickelt: Vor allem dank Handel und Handwerk, aber auch wegen seiner günstigen Lage an der Verbindungslinie zwischen Ägäis und Mitteleuropa. Die zahlreichen Wiedergeburtshäuser im Stadtzentrum sind ein Beweis dafür. Heute wird in Bansko wieder viel gebaut: Ausländische Investoren errichten am Rande der Stadt große Komplexe mit Ferienwohnungen. *www.bansko 24.com, www.bansko.bg*

Ein beliebtes Ausflugsziel im Vitoša-Gebirge ist der „Steinerne Fluss"

## MARCO POLO HIGHLIGHTS

⭐ **Rilski manastir**
Symbol für die Bedeutung der orthodoxen Kirche in Bulgariens Geschichte
(Seite 36)

⭐ **Bojana**
Mittelalterliche bulgarische Malerei schmückt die Kirche in schöner Umgebung (Seite 48)

⭐ **Melnik**
Kleinste Stadt Bulgariens zwischen Weinbergen und Ruinen (Seite 37)

⭐ **Sveti Aleksandâr Nevski**
Die Kathedrale ist das prachtvolle Wahrzeichen Sofias (Seite 44)

⭐ **Vitoša-Gebirge**
Ein Spaziergang zu den Goldenen Brücken oder eine Wanderung auf den Schwarzen Gipfel (Seite 49)

⭐ **Sveti Nikolaj Čudotvorec**
Russlands Glanz in Sofia: die goldene Kirche mit ihren Zwiebeltürmchen
(Seite 44)

## SEHENSWERTES

### ALTE HAUSARCHITEKTUR

Die alten Häuser in Bansko haben zwei Gesichter und erinnern an die Klosterarchitektur. Zur Straße erhebt sich eine strenge, fast abweisende Steinfassade. Umso freundlicher wirkt der Innenhof mit Balkonen, geschnitzten Holzgeländern und schlanken Säulen.

### SVETA TROICA (DREIFALTIGKEITSKIRCHE)

Gebaut 1835 von einheimischen Handwerkern, auf dem Hof befindet sich ein 30 m hoher Uhrturm. Die Kirche hat einen eigenen Kirchenchor, zweimal täglich gibt es Gottesdienste. *Ploštad Vâsraždane | Tel. 07 49/883 44*

## >LOW BUDGET

> Exzellente Kultur zum Schnäppchenpreis: Klassik, Oper und Theater in Sofia für ca. 5 Euro. Konzerte finden im traditionellen Bulgariensaal im NDK statt *(Zala Bâlgarija | Ulica Aksakov 1 | Tel. 02/987 76 56)*. Die Nationaloper *(Ulica Vrabča 1 | Tel. 02/987 13 66 | www.operasofia. com)* hat sogar einige Weltstars hervorgebracht. Im Nationaltheater Ivan Vazov *(Ulica Djakon Ignatij 5 | Tel. 02/811 92 27)* werden die Klassiker der Literatur gespielt.

> Günstig übernachten im Rila- und im Pirin-Gebirge in einfachen Berghütten. Die Gäste schlafen in Mehrbettzimmern. Schlafsack, Wanderkarten, passende Kleidung und Schuhe sind wichtig. Infos beim Bulgarischen Tourismusverband BTS, *Sofia | Bulevar Vasil Levski 75 | Tel. 02/987 34 09 | www.btsbg.org*

### WIEDERGEBURTSARCHITEKTUR

Die Hofansicht, die Holzschnitzereien und die Wandmalereien sind bei diesen Gebäuden aus dem 18. und 19. Jh. besonders bemerkenswert. Das Sirleštov-Haus, *Ulica Jane Sandanski 12,* ist das älteste erhaltene Haus in Bansko, mit einem Versteck im Keller. Das Veljanov-Haus, *Ulica Veljan Ognev 5,* hat eine gut erhaltene Inneneinrichtung und Wandmalereien. Im Neofit-Rilski-Haus, *Ulica Pirin 17,* gibt es einen noch funktionierenden Brotofen und ein historisches Klassenzimmer.

## ESSEN & TRINKEN

### MOLEROVA KÂŠTA

*Insider Tipp*

Die Gaststätte im einstigen Haus der Ikonenmaler bietet einheimische Küche in urigem Ambiente. *Ulica Todor Aleksandrov 7 | www.molerite.com |* €€–€€€

## ÜBERNACHTEN

### HOTEL PIRIN 🌊

Renoviert und zentral gelegen. Mit Hallenbad, Sauna, Fitnessraum und Transport bis zum Gondellift. 68 Zi. | *Ulica Car Simeon 68 | Tel. 07 49/ 880 51 | Fax 880 44 | www.hotel pirin.bansko.bg | €€€*

## AUSKUNFT

Auskünfte erteilen die Hotels, auch zu Anlaufstellen für Privatquartiere.

## ZIELE IN DER UMGEBUNG

### MINERALBÄDER

Heilbäder und Klimatherapien gibt es in vielen Orten im Südwesten, das größte ist *Sandanski* [120 C5], das Zentrum für Kuren in der Region. Als „größter Heilpark des Bronchialasthmas" gilt das *Interhotel San-danski (östlich der Stadt | 296 Zi. | Tel. 0746/311 65 | Fax 312 71 | www.ihsand.com | €€–€€€).* In *Velingrad* [121 E3] ist man auf Phytotherapie (Behandlung auf pflanzlicher Basis) spezialisiert und in *Kjustendil* [120 A–B2] auf Moorbäder.

*Ende je nach Jahreszeit, geführte Touren jede Stunde April–November*

## PIRIN-WANDERUNGEN [120–121 C–D 4–5]

Insider Tipp

Ein guter Ausgangspunkt für Wanderungen im Nationalpark *(Naroden park)* Pirin-Gebirge ist Bansko. Tou-

Großer Brauner im Bärenpark Belica, dem Altersruhesitz für ehemalige Tanzbären

## PARK ZA TANZUVAŠTI MEČKI (TANZBÄRENPARK BELICA) [121 D3]

Auf dem 120000 m² großen Gelände haben 16 ehemalige Tanzbären eine neue, artgerechte Heimat gefunden. Das größte Bärenschutzzentrum Europas befindet sich rund 30 km nördlich von Bansko und 12 km nördlich der Stadt Belica im Rila-Gebirge. *www.vier-pfoten.bg | tgl. ab 10 Uhr,*

ren werden auch von den Hotels organisiert, wie zum Beispiel die *Vichren-Tour* (sechs Stunden). Zur *Demjanica-Hütte* (sechs Stunden) startet man mit dem Bus zur *Siligarnika-Gegend,* dann gehts mit dem Lift zum *Todorka-Gipfel* (2746 m). Dort beginnt die Wanderung am *Karkamsko-See* vorbei zurück nach Bansko.

**RILA-WANDERUNGEN** [121 D3]

Die schönsten und beliebtesten Wanderziele im Rila-Gebirge:

☀ *Musala-Tour* (sieben Stunden): Die Wanderung auf den höchsten Gipfel Südosteuropas (2925 m) startet von *Borovec*. Mit dem Sessellift fährt man zum *Jastrebec-Gipfel*, von dort geht es über die *Musala-Hütte* zum *Gipfel*, der eine herrliche Sicht auf alle Gebirge Bulgariens bietet.

*Sieben Rila-Seen:* Von *Borovec* fährt man mit dem Bus zur *Vada-Hütte*, ab da beginnt der dreistündige Aufstieg zu der faszinierenden Ansammlung von Gebirgsseen. In der Nähe des sechsten, des Fischsees, liegt die *Hütte Sedemte ezera* mit 100 Betten. Von hier aus kann man über das schöne *Gebirgsfeld Partizanska poljana* in sechs Stunden zum *Rila-Kloster* wandern.

Günstigster Ausgangspunkt für Rila-Wanderungen ist *Borovec*. Die *Touristeninformation*, die in verschiedenen Hotels vertreten ist, organisiert Wanderungen. Das größte Büro ist im *Hotel Samokov | 306 Zi. | Tel. 07 50/323 06 | Fax 323 09 | www.samokov.com | €€ – €€€*

**RILSKI MANASTIR
(RILA-KLOSTER)** [120 C3]

★ ☀ Auf 1147 m Höhe, mitten in einem satten Laubwald, stößt man unvermutet auf eine bis zu 24 m hohe Festungsmauer. Außen weist nichts darauf hin, dass man hier etwas anderes finden wird als die Überreste einer Burg, fast scheint es, als wolle das mächtige Gemäuer den Zutritt verwehren. Am Ende des einzigen Zugangs im Süden steht man dann gebannt vor der faszinierenden Schönheit der Anlage, die Ruhe und Harmonie verbreitet.

Das Kloster wurde im 10. Jh. von dem Einsiedler Ivan Rilski gegründet.

Wanderer beim Abstieg vom höchsten Gipfel Südosteuropas, dem Musala-Berg

Reich verziert sind die Kuppeln im Inneren des Rila-Klosters

Das älteste Gebäude ist der 1335 errichtete *Chreljo-Turm*, benannt nach seinem Bauherrn Dragovol Chreljo, der sich als unabhängiger Herrscher hier niedergelassen hatte. Alles andere stammt aus dem 19. Jh. Mittelpunkt und Krone der Kunstschätze ist die Hauptkirche *Sveta Bogorodica* (heilige Gottesmutter), eine Kombination der alten, dreischiffigen Basilika mit der Kreuzkuppelkirche vom Berg Athos und der italienischen Kuppelkirche. An ihr haben die bekanntesten Meister der bulgarischen Architektur, Malerei und Holzschnitzerei aus der Periode der Nationalen Wiedergeburt mitgewirkt. Hervorstechend sind die leuchtenden Fresken im Innenraum wie in den Laubengängen und der vergoldete Ikonostas (Altarwand) mit 36 Figuren. In der Hauptkirche befindet sich auch das Grab von Boris III., dem letzten bulgarischen Zaren.

Sehenswert sind auch das *Museum* mit der Originaltür des Chreljo-Turms aus dem 14. Jh., Ikonen aus dem 14. und 15. Jh. und das hölzerne Kreuz des Mönchs Rafail, ein Meisterwerk der Miniaturschnitzerei, die Wandmalereien aus dem 14. Jh., die sich im Chreljo-Turm selbst befinden, und das Original der Klosterküche von 1817 mit allen Geräten von damals. *Die Anlage ist täglich von der Morgen- bis zur Abenddämmerung geöffnet, aber die musealen Einrichtungen und die Kirche schließen um 17 Uhr. Eintritt Museum: 4 Euro | www.rilamonastery.free.bg*

Die schönste Übernachtungsmöglichkeit bietet das Kloster selbst: Für knapp 20 Euro pro Person kann einer der Gasträume unter Tel. 070 54/ 22 08 gebucht werden. Unmittelbar neben dem Kloster werden im *Restaurant Rila* (€) bulgarische Gerichte serviert. Man hat einen schönen Ausblick von der allerdings etwas kleinen Terrasse. Das Haus bietet auch günstige, sehr einfache Zimmer an (€). Ca. 2 km weiter östlich schläft man im *Hotel Rilec (84 Zi. | Tel. 07054/21 06 | €).*

# MELNIK

[120 C5] ★ **Die kleinste Stadt Bulgariens hatte 1880 noch 20 000 Ew., nur 1000 weniger, als Sofia damals zählte. Der zweite Balkankrieg im Jahr 1913 zerstörte sie fast vollständig und mit ihr ihre Handelswege.** Heute leben hier 250 Menschen – hauptsächlich von Wein,

Tabak und Tourismus. Es ist nicht nur die Einwohnerzahl, die dem zwischen Sandsteinpyramiden verborgenen Ort eine etwas unwirkliche Atmosphäre verleiht. Auf der einen Seite weisen die Ruinen, deren Zahl die der bewohnten Häuser bei weitem übersteigt, Besucher immer wieder auf den Verfall dieses Ortes hin. Auf der anderen Seite steigen aber inmitten der steilen Hänge der malerischen Sandsteinfelsen wie in einem Amphitheater einzigartige Denkmäler der älteren und neueren Baukunst auf, die wunderschöne Holzschnitzereien, Ikonen, Glas- und Wandmalereien beherbergen. Durch zackige Felsen winden sich von Gras und Wermut gesäumte ✹ Pfade, an deren Ende ein traumhafter Ausblick winkt, und dazwischen immer wieder das, was Melnik berühmt gemacht hat: die Rebstöcke, denen der schwere, dunkelrote Wein der Gegend zu verdanken ist.

Von den früher einmal mehr als 3600 architektonisch bedeutsamen Wohnhäusern sind nicht viel mehr als 100 Exemplare erhalten geblieben, darunter befinden sich allerdings zahlreiche Prachtstücke. Besonders faszinierend sind die weiten Weinkeller, die unter den Felsen und den Häusern ausgehöhlt wurden, damit eine beständige Temperatur gewährleistet war.

Melnik kommt ohne Straßennamen aus, aber Sie werden die Sehenswürdigkeiten problemlos finden.

## ■ SEHENSWERTES ■

### BOLJARSKATA KÂŠTA (BOJAREN-HAUS)

Das älteste Haus der Stadt aus dem 10. oder 11. Jh. ist leider nicht mehr gut erhalten. Es gehörte einst dem Despoten Slav. *1 Euro*

### GRADSKI MUZEJ (STÄDTISCHES MUSEUM)

Das Museum im Pašov-Haus (Pašovata Kăšta) von 1815 hat wunderschöne holzgeschnitzte Zimmerdecken und Marmorkamine. *Tgl. 9–12 und 13–17 Uhr*

### KORDOPULOVATA KÂŠTA (KORDOPULOV-HAUS)

Das vierstöckige Haus stammt aus dem Jahr 1754 und gehörte einem Weinhändler. Besonders schön sind die 24 zweireihigen Fenster im Salon, die obere Reihe ist aus venezianischem Farbglas. Der Rundgang endet mit einer Weinverkostung im direkt in den Felsen gehauenen Keller. Hier reift der Rotwein in riesigen Fässern, manche von ihnen haben ein Volumen von 10 000 l! *Tgl. 9–20 Uhr | 2 Euro* **Insider Tip**

## ■ ESSEN & TRINKEN ■

Verschiedene Weinkeller (*vinarna*) im Ort kredenzen Durstigen das wichtigste Produkt von Melnik.

### MENČEVA KÂŠTA

Eine typisch bulgarische *mehana* mit vorzüglicher Landesküche. *Nahe dem Kordopulov-Haus | Tel. 07437/339 | www.melnik-mehana.com | €–€€*

## ■ ÜBERNACHTEN ■

### LITOVA KÂŠTA

Gemütlich eingerichtet, organisiert auch Ausflüge. *10 Zi. | 2 Apartments | litovakushta.com | Tel. 07437/313 | €*

## ■ AUSKUNFT ■

### MILUŠEVA KÂŠTA

Erteilt auch Hinweise auf Privatquartiere in der Stadt. *Nahe der Post | Tel. 07437/326*

## ZIEL IN DER UMGEBUNG

### ROŽENSKI MANASTIR
### (ROŽEN-KLOSTER) [120 C5]

Das Rožen-Kloster ist eines der ältesten Kloster Bulgariens. Die Anlage liegt inmitten bizarrer Gesteinsformationen, die Besucher passieren, wenn sie sich dem 6 km nordöstlich gelegenen Kloster von Melnik aus nähern. Gegründet wurde das Kloster vom Despoten Slav, dem Verwalter des Gebiets um Melnik, im 12. oder 13. Jh.

novo das kleine *Hotel Vodenicata* („Wassermühle", *Tel. 07437/321,* €) mit einer erstklassigen *mehana.*

Insider Tipp

# SOFIA

 **KARTE IN DER HINTEREN UMSCHLAGKLAPPE**

[120 C1] „Serdica, das ist mein Rom!", soll Konstantin der Große einmal voller Entzücken ausgerufen haben. Das war im 4. Jh. und galt der Siedlung, die damals

Blickfang im Salon des Kordopulov-Hauses sind die 24 zweireihigen Fenster

Der kleinere Ikonostas ist ein wahres Meisterwerk der Holzschnitzerei. Wertvolle Wandmalereien aus dem beginnenden 17. Jh. finden sich an der südlichen Außenwand der Hauptkirche *Sveta Bogorodica.*

Zwischen Melnik und dem Rožen-Kloster befindet sich im Dorf *Kârla-*

das Zentrum der römischen Provinz Thrakien bildete. Wer heute durch die Straßen der bulgarischen Hauptstadt Sofia (auch Sofija geschrieben) mit ihren 1,2 Mio. Einwohnern schlendert, wird von ihrer bewegten Geschichte, die sich auch in zahlreichen Namensänderungen niederschlug, jedoch nur noch vereinzelte Spuren ausfindig machen: An zentralen Orten tauchen Relikte aus der römischen Zeit auf, etwa in der Unterführung unter der einstigen Zentrale der Kommunistischen Partei, die jetzt den Parlamentariern als Bürogebäude dient, Überreste von der östlichen Festungsmauer aus dem 2. Jh. oder im Hof des Sheraton die Rotunde des heiligen Georg aus dem 4. Jh. Auch in den wichtigsten großen Museen dokumentieren zahlreiche Exponate die Geschichte der Stadt, die im wechselvollen Auf und Ab große Zeiten erlebt hat. Das Stadtbild hingegen hinterlässt den Eindruck eines eigentümlichen, irgendwie der Geschichte gegenüber indifferenten Gemischs aus 100 Jahren, aus dem die wenigen historischen Prachtbauten und einige schöne Beispiele der

bulgarischen Architektur aus der Zeit um die letzte Jahrhundertwende wie bunte Tupfer hervorscheinen.

Heute ist Sofia das absolute Zentrum Bulgariens, und in einem traditionell so zentralisiert strukturierten Land betrifft dies weit mehr als nur den Regierungs- und Verwaltungsbereich. Obwohl die Nichtsofioter die Nase rümpfen, wenn sie es hören: Vieles von dem, was in der Kultur Rang und Namen hat, konzentriert sich nun einmal in der Hauptstadt – die bedeutendsten Museen, die repräsentativsten und zugleich experimentierfreudigsten Galerien, die renommiertesten Theater, herausragende Stimmen und Orchester. Auch in prosaischeren Dingen übernimmt meist Sofia die Rolle des Trendsetters. Wer wissen will, was gerade in der bulgarischen Jugendszene an Lebensstil und Alltagskultur

**Kiril und Metodij, Begründer des slawischen Alphabets, vor der Nationalbibliothek**

# WESTBULGARIEN

in ist, der sollte sich am frühen Freitag- oder Samstagabend zum Bulevar Vitoša und in bestimmte Teile des Parks vor dem Kulturpalast begeben.

### ■ SEHENSWERTES

Der geeignetste Ausgangspunkt für die Erschließung des Stadtkerns ist der gleichnamige *Platz an der Kirche Sveta Nedelja* [U C3] schräg gegenüber vom Hotel Sheraton. In dem Bereich östlich davon, den die *Universität* [U E4] und die direkt daneben befindliche *Nationalbibliothek Kiril und Metodij* mit den imposanten Denkmälern der beiden abschließen, befinden sich die meisten wichtigen öffentlichen Bauten. Zwischen Sheraton und dem Kaufhaus CUM führt der Weg über den *Bulevar Car Osvoboditel* mitten in diesen Abschnitt hinein. Südlich der Sveta Nedelja erstreckt sich die Haupteinkaufsstraße *Bulevar Vitoša*. Der belebteste Teil davon endet am *Kulturpalast* ([B6], abgekürzt NDK). Unbedingt zu empfehlen ist ein Bummel in dem Gebiet zwischen den *Bulevar Vitoša* und *Car Osvoboditel*. Biegen Sie einfach in östlicher Richtung in eine der Seitenstraßen des *Bulevar Vitoša* ein, und schlängeln Sie sich bis etwa zum *Platz der Nationalversammlung* ([U E4] | *Ploštad Narodno Sâbranie*) durch. Hier begegnen Ihnen Architektur und Atmosphäre der Wohnviertel in der Stadtmitte in authentischer Form.

### BORISOVA GRADINA (BORISGARTEN) [U E–F 5–6]

Der größte Park in Sofia. Sonntags ist er Hauptanziehungspunkt für Spaziergänger. Hier geben Künstler aller Art ihre Vorstellungen. *Vom Bulevar Car Osvoboditel abgehend*

### CENTRALNA EVREJSKA SINAGOGA (SYNAGOGE) [U C2]

Die größte Synagoge auf der Balkanhalbinsel wurde 1910 vollendet. Vor einigen Jahren wurde sie restauriert. Anwesende Gemeindemitglieder führen Besucher gern durch das Gebäude. *Ulica Ekzarh Josif 16. Im Gemeindehaus (Bulevar Aleksandâr Stambolijski 50 | 5. Stock | Mo–Fr 9–12 und 14–17 Uhr)* ist die ständige Ausstellung „Die Rettung der bulgarischen Juden 1941–1944" zu sehen.

### DŽAMIJA BANJA BAŠI (BÄDERMOSCHEE) [U C2]

Diese Moschee ist die einzige, die den gläubigen Muslimen in der Hauptstadt geblieben ist. Während der antitürkischen Kampagnen in der sozialistischen Ära lag sie still. Seit Anfang der Neunzigerjahre wird die Bädermoschee wieder benutzt. Der Bau des namhaften türkischen Architekten Hadži Mimar Sinan wurde 1576 vollendet. Unmittelbar in der Nachbarschaft befindet sich das Mineralbad, das nicht mehr benutzt wird. Man kann sich dort aber mit Wasser aus Heilquellen versorgen. Unbedingt sehenswert ist auch die restaurierte *Markthalle (Centralni Hali* bzw. *Halite)* auf der gegenüberliegenden Straßenseite. *Bulevar Knjaginja Marija Luiza*

### GRADSKA GRADINA (STADTGARTEN) ▶▶ [U C–D3]

Eine grüne Oase, die zu jeder Zeit für eine Atempause bestens geeignet ist. Ein beliebter Treffpunkt für Schach-

# SOFIA

spieler. *Mitten im Zentrum Sofias, an der Ulica Vasil Levski*

### NACIONALEN ARHEOLOGIČESKI MUZEJ (NATIONALES ARCHÄOLOGISCHES MUSEUM) [U C–D3]

Gegenüber dem Präsidentensitz, bei dem übrigens jede Stunde eine Art „Change of the Guards" zu beobachten ist, wurde in der Großen Moschee das Archäologische Museum untergebracht. Auch wenn es einige seiner bedeutendsten Schätze an andere Museen abgeben musste, ein Blick auf die ausgestellten Gebrauchsgegenstände, Waffen und Schmuck von Thrakern, Römern und Griechen lohnt auf jeden Fall. *Ulica Sâborna 2 (beim Ploštad Aleksandâr Batenberg) | Di–So 10–12 und 14–17 Uhr*

**Insider Tipp** ### NACIONALEN ISTORIČESKI MUZEJ (NATIONALES HISTORISCHES MUSEUM) [0]

Nicht leicht zu erreichen ist das größte und bedeutendste historische Museum des Landes, das in der stattlichen Residenz Bojana in direkter Nachbarschaft zum Amtssitz des Präsidenten untergebracht ist. Auf drei Etagen werden hier in den beeindruckenden Räumlichkeiten der ehemaligen Schivkov-Residenz sehr übersichtlich angeordnet ca. 22 000 Ausstellungsstücke der Geschichte auf heutigem bulgarischem Territorium der letzten 2000 Jahre dargestellt. Weltweite Bedeutung erhielt das Museum durch die Ausstellung „Gold der Thraker". Das Meisterwerk thrakischer Goldschmiedekunst (vermutlich um die Wende vom 13. zum 12. Jh. v. Chr. entstanden) befindet sich allerdings häufig auf Wanderausstellungen. Die Website des Museums ist empfehlenswert. *Auf der Residenz Bojana | tgl. 9.30–17 Uhr | Tel. 02/955 76 04 bzw. 955 42 80 (Exkursionen/Gruppenführungen) | Bus Nr. 63 und 111 | www.history museum.org*

Das Nationale Archäologische Museum in Sofia hat einiges an antiken Schätzen zu bieten

## NACIONALNA HUDOŽESTVENA GALERIJA (NATIONALE KUNSTGALERIE) [U C–D3]

Das wunderschöne, im 16. Jh. errichtete Gebäude diente zunächst als *konak*, also als Amtssitz der osmanischen Verwaltung. Hier wurde der Prozess gegen den bulgarischen Nationalhelden Vasil Levski geführt. Nach der Befreiung aus der osmanischen Herrschaft wurde es zweimal um- und ausgebaut und fungierte während der Monarchie als Zarenschloss. Seit 1954 ist hier die Nationalgalerie beheimatet. Die Sammlung bulgarischer Kunst von der Mitte des 19. Jhs. bis zur Gegenwart ist aber nicht so attraktiv wie das Gebäude selbst. *Ploštad Aleksandâr Battenberg | Di–So 10.30–18 Uhr*

## ROTONDA SVETI GEORGI (ROTUNDE DES HEILIGEN GEORG) [U C3]

Insider Tipp

Das besterhaltene Denkmal aus der römischen Zeit im Hof des Hotels Sheraton steht an einer Stelle, an der zunächst (wahrscheinlich im 1. Jh. v. Chr.) ein Bad errichtet wurde. Die Rotunde aus dem 4. oder 5. Jh. diente ursprünglich den Römern als Kultstätte, dann den Slawen als christliche Kirche, später den Türken als Moschee, schließlich seit Bulgariens Eigenstaatlichkeit wieder als christliche Kirche. Die Fresken aus dem 14. Jh. gehören zu den bedeutendsten Malereien mit barocken Elementen in Bulgarien. *Eingang auf dem Bulevar Aleksandâr Stambolijski*

## SVETA NEDELJA (KIRCHE DER HEILIGEN NEDELJA) [U C3]

Die 1856–1863 erbaute Kirche hat weniger durch Kulturschätze als durch ihre weltlichen Einrichtungen und politischen Ereignisse auf sich aufmerksam gemacht. Ein Besuch lohnt sich allein wegen des hellen, ganz und gar nicht pompösen Glanzes, den sie ausstrahlt.

Im April 1925 forderte in der Kirche ein Bombenattentat mehr als 120 Tote und über 500 Verletzte. Die stark beschädigte Kirche wurde dann 1931 von Grund auf neu errichtet. Bis heute ist nicht einwandfrei geklärt, ob die Führung der Kommunistischen Partei, die dies stets vehement leugnete, für das Attentat verantwortlich war. Später nutzte sie die Kirche zu besonderen Zwecken: Bis zum Ende der Achtzigerjahre beherbergte die Kuppel ein Büro der Geheimpolizei. *Ploštad Sveta Nedelja*

## SVETA SOFIJA (SOPHIENKIRCHE) [U E3]

Der Namensgeberin der Stadt ist der zweitälteste der erhaltenen Kirchenbauten geweiht. Er wurde an der höchsten Stelle des Siedlungszen-

trums im 6. Jh. errichtet. Auch in der osmanischen Zeit, als die Kirche als Moschee diente, wurde ihr Äußeres nicht angetastet. Die dreischiffige Kreuzkuppelbasilika mit den drei Altären ist ein für Bulgarien einzigartiges Exempel für die strenge Monumentalität der klassischen byzantinischen Architektur. An der Ostseite befindet sich das Grab des bulgarischen Nationaldichters Ivan Vazov, dessen Statue im nahen Park – er hält ein Buch in der Hand – nicht zu übersehen ist. *Ploštad Aleksandâr Nevski*

### SVETI ALEKSANDÂR NEVSKI (ALEKSANDÂR-NEVSKI-KATHEDRALE) ★ [U E3]

Auch viele Nichtbulgaren, die den Balkan bereist haben, halten die Kathedrale für den prächtigsten Bau des 20. Jhs. auf der Balkanhalbinsel. Sie wurde zu Ehren der im Russisch-Türkischen Krieg von 1877/1878 gefallenen Soldaten und zum Zeichen des Dankes für die dem Krieg folgende Ausgliederung Bulgariens aus dem Osmanischen Reich errichtet. Der russische Zar jener Zeit, Alexander II., wurde seitdem in Bulgarien als „Car Osvoboditel" (Befreierkönig) verehrt, wovon auch das unweit von der Kathedrale, unmittelbar gegenüber dem Gebäude der Nationalversammlung (Narodno Sâbranie) aufgestellte, 14 m hohe Reiterbild zeugt, das der italienische Bildhauer Arnoldo Zocchi schuf. Die Kirche wurde nach dem Schutzheiligen des Zaren, Alexander Nevski, einem Moskauer Großfürsten aus dem 13. Jh., benannt. Nach den Entwürfen des Petersburger Architekten A. N. Pomerancev wurde 1904 mit dem Bau begonnen, der mit kleineren Unterbrechungen bis 1913 währte. Erst elf Jahre danach, 1924, wurde die Kirche geweiht.

Imposant ist der erste Eindruck, den die südliche Seitenansicht vom Bulevar Car Osvoboditel aus hervorruft. Vor allem fallen die beiden mit Blattgold überzogenen Kuppeln direkt ins Auge. Die bulgarische Regierung als Auftraggeber hatte zur Bedingung gemacht, dass die Kirche 5000 Menschen Platz biete. Im Innern sind es weniger herausragende Einzelstücke, die das Interesse auf sich ziehen, vielmehr fasziniert die Gesamtheit der Kunstwerke. Die bekanntesten russischen und bulgarischen Meister der Zeit um die Jahrhundertwende sind hier mit Wandmalereien, Ikonen und Mosaiken vertreten. Die Krypta beherbergt eine ständige Ausstellung von weit mehr als 200 Ikonen, Fresken und gedruckten Ikonenblättern bulgarischer Meister vornehmlich aus dem 18. und 19. Jh., doch sind auch Werke aus dem 12.–17. Jh. vertreten. *Ploštad Aleksandâr Nevski | tgl. 7–19 Uhr | Krypta: Di–So 10–18 Uhr*

### SVETI NIKOLAJ ČUDOTVOREC (KIRCHE DES HEILIGEN NIKOLAJ) ★ [U D3]

Unübersehbar demonstriert der 1914 vollendete Bau, warum er „die russische Kirche" genannt wird: Er präsentiert sich als ein lichtes, farbenfrohes, von Gold und fünf Zwiebeltürmen geprägtes Abbild der Moskauer Architektur des 17. Jhs., innen mit Wandmalereien im Stil der Novgoroder Malschule. Ihre Existenz hat die Kirche der Sorge eines russischen Diplomaten um sein Seelenheil zu verdanken. Der von 1908–1911 als

Botschafter Petersburgs fungierende Semontovski-Kurilo hielt die bulgarische Kirche für nicht rechtgläubig genug, um in ihren Bauten den Gottesdienst zu feiern. *Bulevar Car Osvoboditel 3*

Imposant: Aleksandâr-Nevski-Kathedrale

## ■ ESSEN & TRINKEN ■

### BAJ GENČO [U D3]

Traditionsreiches Haus, bulgarische Küche. Die Weinkarte enthält mehr als 120 Rotwein- und 60 Weißweinsorten. *Bulevar Knjaz Aleksandâr Dondukov 15* | *www.baigencho.com* | €€

### ČEVERMETO [0]

Ein Lamm wird jeden Abend vor den Augen der Gäste über offenem Feuer gegrillt. Staatsoberhäupter und königliche Hoheiten haben hier gespeist. Große Auswahl an Weinen und Schnäpsen, bulgarische Livemusik und Tanz. *Bulevar Černi vrâh 31* | *www.chevermeto-bg.com* | €€ – €€€

### EVRO [U B4]

Europäische Küche, die einige kulinarische Überraschungen bietet. *Ulica Uzundžovska 5* | *Tel. 02/987 95 76*, €€

### MANASTIRSKA MAGERNIZA [U C5]

In der „Klosterküche" gibt es Speisen nach Klosterrezepten aus ganz Bulgarien. Der Gast wird traditionell mit Brot und Salz begrüßt. *Ulica Han Asparuh 67* | *www.magernitsa.com* | €€€

**Insider Tipp**

### HADŽIDRAGANOVITE KÄŠTI [0]

Traditionelle Küche, Grillspezialitäten, bulgarische Volksmusik. Der Restaurantkomplex besteht aus vier restaurierten Häusern aus der Zeit der Wiedergeburt. *Ulica Kozloduj 75* | *www.kashtite.com* | €€€

**Insider Tipp**

## ■ EINKAUFEN ■

Nach wie vor besitzt Sofia für bulgarische Verhältnisse besonders gute Einkaufsmöglichkeiten. Auf den Straßenzügen *Bulevar Vitoša, Ulica*

Pirotska, Ulica Rakovski und Ulica Graf Ignatiev (hier vor allem um den Ploštad Slavejkov) und in ihrer unmittelbaren Umgebung befinden sich die wichtigsten Geschäfte und kompaktesten Einkaufszonen. Das größte Warenhaus ist das CUM (Bulevar Knjaginja Marija Luiza 2, www.tzum. bg). Antiquitäten und Trödelkram gibt es auf dem großen ▶▶ Flohmarkt vor der Alexandär-Nevski-Kathedrale. Ganz in der Nähe, in der Ulica Pariž, werden Ikonenimitationen und Gemälde verkauft.

Anspruchsvolle Mode wird – vor allem in kleinen Boutiquen – auf dem mittleren und südlichen Teil vom Bulevar Vitoša angeboten. Schönes Kunsthandwerk und bessere Souvenirs finden Sie auch in den Unterführungen unter dem Kaufhaus CUM und dem Kulturpalast (NDK), Ploštad Bâlgarija 1. Gegenstände aus Marmor und Halbedelsteinen sind auf dem Bulevar Car Osvoboditel 10, Kristall und Porzellan auf dem Bulevar Vitoša 8 zu erstehen. Ansprechende Leder- und Pelzbekleidung sowie Handtaschen führen verschiedene kleinere Geschäfte um den Ploštad Slavejkov, wo auch das Angebot an Lederwaren überdurchschnittlich ausfällt. Wer teuren Schmuck und Uhren sucht, sollte sich zu El Grado (Bulevar Vitoša 61) oder zu Oxette (Bulevar Vitoša 9) begeben. Freunde der klassischen Musik finden bei Balkanton (Ploštad Slavejkov) vorzügliche Aufnahmen zu erstaunlichen Preisen , Volks- und Popmusik (vorwiegend Kassetten) gibt es beim Straßenhandel auf dem Bulevar Vitoša und dem Ploštad Slavejkov.

Der zentrale Markt für Obst und Gemüse Ženskija Pazar befindet sich auf dem Bulevar Stefan Stambolov, und in den renovierten Markthallen (Centralni Hali bzw. Halite, Bulevar Knjaginja Marija Luiza 25) bieten von 7–24 Uhr mehr als 100 Pavillons frische Nahrungsmittel und Leckereien in großer Vielfalt an.

## ■ ÜBERNACHTEN

### GRAND HOTEL SOFIA 🔊 [U C4]
Das neueste Luxushotel im Zentrum – mit Gourmetrestaurant, Fitnesszentrum und Pianobar. 109 Zi. | 13 Suiten | Ulica Gurko1 | Tel. 02/811 08 00 | Fax 811 08 01 | www.grandhotel sofia.bg | €€€

### HOTEL LOZENETZ [0]
Neues, elegantes Haus in guter Lage. 31 Zi. | Restaurant mit Garten | Apartments | Ulica Sveti Naum | Tel. 02/965 44 44 | Fax 02/965 44 45 | www.lozenetzhotel.com | €

### HOTELSKI KOMPLEX SVETI GEORGI [0]
Familienhotel, im Norden von Sofia am Rande des Vitoša-Nationalparks gelegen. Die Zimmer sind schlicht, aber gemütlich eingerichtet. 16 Zi. | Restaurant | Sauna | mit Bus Nr. 67 erreichbar | Simeonovo | Tel./Fax 02/961 20 81 | www.hotelsvetigeorgi. com | €

### MORIAH HOTEL FLATS
Die zentral gelegenen Apartments können zwei bis sechs Personen zu moderaten Preisen mieten. Buchungen telefonisch oder online. Tel. 02/986 12 46 oder 088 94 80 01 | www.moriahflats.com | €

### NIKY [U B4]

Untere Mittelklasse. Eine relativ günstige Adresse. *Neofit Rilski 16 | Tel. 02/51 19 15 | Zimmer mit Internetanschluss | www.sofiahotels.net/ nikyde.shtml | €€*

### KERVAN HOSTEL [U E2]

Ruhig und zentral gelegen, 3 Min. Fußweg bis zur Alexandăr-Nevski-

*| Fitnesscenter | LAN und WLAN | Bulevar Vasil Levski 27 | Tel. 02/ 930 52 00 | Fax 930 53 00 | www. hotel-downtown.net | €€€*

### SHERATON SOFIJA HOTEL BALKAN [U C3]

Eine Luxusinsel mitten im Stadtkern der Hauptstadt. Der Sitz des bulgarischen Staatspräsidenten ist gleich nebenan. *173 Zi. | 15 Ap. | Ploštad*

Bulevar Vitoša – beliebte Shoppingmeile im Zentrum von Sofia

Kathedrale. Individuell eingerichtet, in der kleinen Küche kann man sein Essen selbst zubereiten oder andere Gäste treffen. *Sommergarten | Internetanschluss | Ulica Rosica 3 | Tel. 02/983 94 28 | www.kervan hostel.com | €*

### HOTEL DOWNTOWN [U E4]

Zentrale Lage, neues elegantes Hotel mit 48 Zi. und 14 Suiten. *Restaurant*

*Sveta Nedelja 5 | Tel. 02/981 65 41 | Fax 980 64 64 | www.luxurycollection. com/sofia | sofia.reservations@luxury collection.com | €€€*

### ▮ AM ABEND ▮

Einen Überblick über die wichtigsten Adressen und einige kulturelle Veranstaltungen gibt der wöchentlich auch auf Englisch erscheinende Guide Programata, *www.programata. bg*. Er

# SOFIA

liegt in Restaurants, Kneipen und Kinos aus. Karten für die größeren Veranstaltungen gibt es an der Vorverkaufskasse im Kulturpalast NDR [U B6], *Tel. 02/916 63 00, 9–19 Uhr.*

**BALKANTOURIST**                    [U C3]
*Bulevar Zar Osvoboditel 4 | Tel. 02/981 98 06 | Fax 988 41 77 | www.balkantourist.bg*

Ein Abend im Liveclub Swinging Hall im Sofioter Univiertel lohnt sich

Sofia hat viele Liveclubs. Zu empfehlen sind die *Swinging Hall* [[U E6] | *Bulevar Dragan Cankov 8)* mit abwechselnd spielenden Livebands und die ▶▶ ♫ *Bibliotekata* [[U E3] | *Bulevar Vasil Levski 88)*. Auch an Diskotheken in westlichem Stil hat die Stadt in den vergangenen Jahren enorm aufgeholt. Das ▶▶ ♫ *Červilo* („Lippenstift") bleibt ein heißer Tipp [[U D3] | *Bulevar Car Osvoboditel | www.chervilo.com)*. Folklore findet man hauptsächlich in Restaurants.

**REISEBÜRO LUFTHANSA CITY CENTER**                    [U B5]
*Bulevar Gen. Mihail D. Skobelev 59 | Tel. 02/951 52 62 | Fax 951 59 07 | www.lufthansacitycenter.bg | office@lufthansacitycenter.bg*

▌**ZIELE IN DER UMGEBUNG**▌

**BOJANA**                    [120 C1]
8 km südlich des Stadtzentrums ließen zahlreiche Spitzenfunktionäre der Kommunistischen Partei ihre Villen und Todor Schivkov die Residenz

bauen, die nach wie vor als Repräsentationssitz des Staatspräsidenten genutzt wird. Größere historische Bedeutung erlangte der Ort durch die ⭐ *Bojanskata zărkva*, eine Kirche, die den Namen des Ortes trägt und die in die Unesco-Liste der Kulturdenkmäler aufgenommen wurde. Sie stammt aus dem 11. Jh., 1259 kam dann ein Anbau mit wundervollen Wandmalereien hinzu, die ihren Ruhm begründeten. Biblische Szenen, Bilder von geistlichen und weltlichen Führern, aber auch realistische Spiegelungen des Alltags finden sich unter den Fresken, die als die Krone der mittelalterlichen bulgarischen Malerei gelten. Ihr Schöpfer ist unbekannt, weswegen er stets als „Meister von Bojana" apostrophiert wird. *Ulica Bojansko ezero 1–3 | 9–17 Uhr | Bus 64, 107 | www.boyanachurch.org*

### DRAGALEVCI 🌺     [120 C1]

Vom Dragalevci-Kloster aus dem 14. Jh. ist die Kirche erhalten geblieben. Die alte Wassermühle im Ort ist renoviert worden und dient nun als  Restaurant *(Vodenica | Reservierung

erforderlich | Tel. 02/ 967 10 58 | €€)*, in dem traditionelle bulgarische Gerichte bei tollem Blick auf die Hauptstadt serviert werden. Dragalevci ist vom Stadtzentrum 10 km entfernt und mit öffentlichen Verkehrsmitteln erreichbar: mit der Straßenbahn Linie 9 oder 14 bis zur Haltestelle Hladilnika, dann weiter mit dem Bus Nr. 66.

### VITOŠA-GEBIRGE ⭐ ▶▶     [120 C1–2]

Nur 10 km vom Stadtzentrum entfernt befindet sich das Naherholungsgebiet der Sofioter mit schönen Ausflugszielen. Es gibt verschiedene Möglichkeiten, den höchsten Gipfel, den 🌺 *Černi vrăh* („Schwarzer Gipfel", 2280 m), zu erreichen. Der direkte Aufstieg von Dragalevci dauert mehrere Stunden und setzt eine gute Wanderkondition voraus. Man kann auch mit dem Bus Nr. 66 bis zum Wintersportgebiet *Aleko* fahren und von dort in zwei Stunden den Gipfel besteigen. Angenehmer als mit dem Bus geht es mit dem Gondellift vom Ortsteil Simeonovo zum Hotel Prostor etwas unterhalb von Aleko. Von dort geht es weiter mit

## ▶ BLOGS & PODCASTS
### *Gute Tagebücher und Files im Internet*

▶ www.sonnenstrand.de Deutsche Urlauber tauschen hier Informationen über Sonnenstrand aus, es gibt aber auch allgemeine Beiträge über die Schwarzmeerküste.

▶ www.airmuek-reiseberichte.de/ bulgarien und www.umdiewelt.de/ Europa/Osteuropa/Bulgarien/Reise

ziel-bg.html sind Blog-Portale auf Deutsch mit Reiseberichten.

▶ www.travellerspoint.com/blogs/ Bulgaria Aktuelle englische Berichte.

▶ www.podcast.de/suche/nach/ Bulgarien/in/ShowSearch Viele Beiträge zu Politik, Zeitgeschichte, Medien und Wirtschaft.

Für den Inhalt der Blogs & Podcasts übernimmt die MARCO POLO Redaktion keine Verantwortung.

dem Sessellift, danach kann man entweder hoch zum Gipfel oder über das Plateau *(Plato)* zu den *Zlatni mostove* („Goldene Brücken") wandern. Hier befindet sich der sogenannte *Steinerne Fluss,* riesige Geröllbrocken, die sich das Gebirge hinunterzustürzen scheinen. Ein Abstecher zum Komplex ✳ *Kopitoto* mit Café, Restaurant und Panoramablick auf Sofia dauert eineinhalb Stunden. Von Zlatni mostove fährt man mit dem Sammeltaxi zum Ortsteil Ovča Kupel und von dort mit der Straßenbahn Nr. 5 zurück ins Zentrum.

**Insider Tipp**

## VIDIN

**[114 B1] Die größte Stadt (67 000 Ew.) im noch wenig entwickelten, vom Tourismus kaum berührten nordwestlichen Zipfel Bulgariens ist 220 km von Sofia entfernt.** Sie ist auch von Rumänien aus per Fähre über die Donau zu erreichen.

In den nächsten Jahren wird eine Brücke zum rumänischen Calafat gebaut – davon versprechen sich die Menschen diesseits und jenseits des Flusses einen Aufschwung in wirtschaftlicher wie auch in touristischer Hinsicht.

Gegründet im 3. Jh. v. Chr. als römische Siedlung, war Vidin im Mittelalter eine bedeutende bulgarische Festung, nicht zuletzt wegen der strategisch wichtigen Lage an der Donau. Spuren dieser Epochen wie auch aus der osmanischen Zeit sind im Stadtbild präsent.

### ■ SEHENSWERTES ■
#### BABA VIDA

**Insider Tipp**

Die Festung am Donauufer ist die besterhaltene mittelalterliche Anlage in Bulgarien. Auf den Fundamenten eines römischen Verteidigungsturms errichteten die Bulgaren die Burg vom 10.–14. Jh. Sie diente zur Ver-

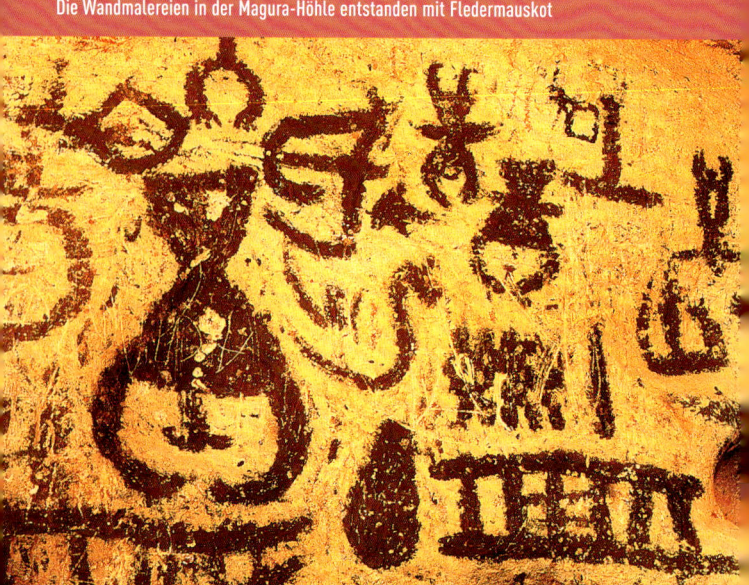

**Die Wandmalereien in der Magura-Höhle entstanden mit Fledermauskot**

teidigung der Stadt, war aber auch Wohnsitz des letzten bulgarischen Zaren Ivan Srazimir (1356–1396) in der Zeit vor der osmanischen Eroberung. Die Wallanlagen, die Verteidigungstürme und Teile des zweistöckigen Hauptgebäudes sind erhalten geblieben. In den letzten Jahrzehnten wurden in der Festung mehrfach bulgarische und ausländische Filme gedreht. Zum Komplex gehören auch ein Museum und eine Theaterbühne. Nachts wird die ganze Anlage eindrucksvoll beleuchtet. *Tgl. 9–18 Uhr | 4 Euro*

### ■ ESSEN & TRINKEN ■

**RESTAURANT LORETA**

Das erste Privatrestaurant in Vidin. In diesem Haus befindet sich auch ein Internetcafé. *Ulica Lajoš Košut 2 | €€–€€€*

### ■ ÜBERNACHTEN ■

**HOTEL ANGELOV HAN**

Neues Familienhotel in zentraler Lage im Park Vladikina Bahča, Restaurant. *14 Zi., 2 Apartments | Ulica Drava 10 | Tel. 094/60 45 00 | angelovhan.vidin.net | €*

### ■ AUSKUNFT ■

**TOURIST-INFORMATIONSZENTRUM**

*Ulica Hristo Botev 77 | Tel. 094/60 00 17 | www.tourism.bcvidin.org* oder *www.vidin.government.bg*

### ■ ZIELE IN DER UMGEBUNG ■

**BELOGRADČIŠKI SKALI (FELSEN VON BELOGRADČIK)** [114 A3]

Die Felsen von Belogradčik befinden sich 50km südlich von Vidin. Die riesigen Gestalten, die Menschen, Tieren und Schlössern ähneln, haben

ihre eigenen Namen und ihre eigenen Geschichten, die die fremdsprachigen Reiseführer vor Ort den Besuchern erzählen. Zwischen den Felsen befinden sich die Reste einer alten Festung, die bis 1885 Verteidigungszwecken diente.

**PEŠTERA MAGURA (MAGURA-HÖHLE)** [114 A2]

Mit ihren 2500m langen unterirdischen Labyrinthen 45km südwestlich von Vidin ist Magura eine der größten Höhlen Bulgariens. Ihre einzelnen Hallen haben kolossale Maße: Längen von über 200m, Breiten von mehr als 50 und Höhen von mehr als 20m. In der Magura-Höhle befindet sich auch der größte Stalagmit Bulgariens. Wie jüngste archäologische Ausgrabungen zeigen, war die Magura-Höhle bereits vor 7000 Jahren bewohnt. In der sogenannten *Gemäldegalerie* haben Künstler der damaligen Zeit über 700 Kult- und Jagdszenen gezeichnet.

Da die Luft in diesem Raum ein Grad wärmer ist als im Rest der Höhle (13 bzw. 12 Grad), war er immer ein bevorzugter Aufenthaltsort der Fledermauskolonien. Der Kot der Tiere wurde damals bei der Herstellung der Wandmalereien verwendet. Nicht weit entfernt im *Sonnensaal* ziert ein Jahreskalender aus der Bronzezeit die Wände.

Ein Teil der Höhle dient heute als Weinkeller: Hier werden Flaschen des einzigen in Bulgarien nach dem Champagnerverfahren produzierten Schaumweins gelagert. Und in der großen *Triumphhalle* gibt die Philharmonie Vidin gelegentlich Konzerte.

> ## GESCHICHTE SEHEN UND ERLEBEN

Von den Thrakern in Plovdiv zur Wiege
des neuen Bulgarien nach Veliko Târnovo

> Die Ortschaften hier sind geprägt von unterschiedlichen Epochen und Kulturen. Veliko Târnovo und Umgebung war die Wiege des neuzeitlichen bulgarischen Staates, und überall im mittleren Teil des Balkans begegnet man Reminiszenzen an die Nationale Wiedergeburt im 18. und 19. Jh. In Plovdiv weisen viele Spuren auf die thrakische Zeit und vor allem darauf hin, dass hier während des Osmanischen Reichs eines der Zentren der europäischen Türkei lag.

Der mittlere Teil des Balkans und das Mittelgebirge sind lieblich, leicht zugänglich und passierbar. Am besten erschließt man sie sich von Veliko Târnovo oder von Gabrovo aus, wobei man dann zwei Fliegen mit einer Klappe schlagen kann: Im Umfeld von Gabrovo befindet sich die kompakteste Ansammlung von Orten unter Denkmalschutz und Museumsstädten – wie Boženci, Trjavna oder Etâra – und nicht weit südlich davon das Tal

Bild: Wiedergeburtshäuser in Plovdiv

# ZENTRAL BULGARIEN

der Rosen. Allein Koprivštica, auf halbem Weg zwischen Sofia und Plovdiv bzw. Sofia und Gabrovo, macht eine längere Fahrt erforderlich, wofür Sie aber das märchenhafte Städtchen reichlich entschädigen wird.

## PLOVDIV

[122 B3] Plovdiv besteht heute aus zwei Städten, der Neu- und der ⭐ Altstadt. Das alte Juwel ist von weitem sichtbar:

Auf den drei Hügeln Nebet Tepe (Wächterhügel), Džambas Tepe (Seiltänzerhügel) und Taksim Tepe (Wasserscheidenhügel) erhebt sich die Altstadt.

Bei einem Stadtrundgang streift man die Stadtgeschichte von der Besiedlung durch die Thraker über die römische und die osmanische Zeit bis zur Zeit der nationalen Wiedergeburt im 18. und 19. Jh., als sich die Bulgaren auf ihre eigenen Traditionen besannen.

# PLOVDIV

Damals erlebte Plovdiv eine neue Blüte als Handelsstadt, von der heute viele schöne Häuser der Kaufleute aus der Zeit der Nationalen Wiedergeburt zeugen. In der Altstadt leben und arbeiten heute nur 4500 der insgesamt 350 000 Ew. Sie erscheint wie ein bewohntes Freilichtmuseum, in dem pittoreske Häuser das Bild bestimmen.

der *Neustadt* befinden sich Ruinen aus der römischen und der osmanischen Zeit. Am *Ploštad Stambolijski* haben sich viele hübsche Cafés angesiedelt.

## ☀ AMPHITHEATER

Das prächtigste Zeugnis der Antike ist das Theater aus dem 2. Jh., das von Kaiser Marc Aurel angelegt

Antikes Plovdiv: Das unter Kaiser Marc Aurel angelegte Amphitheater dient seit fast zwei Jahrtausenden als Bühne

## ■ SEHENSWERTES

Es ist nicht ganz einfach, Plovdiv systematisch zu ergründen, denn die schöne Stadt ist sehr verwinkelt. Am besten ist es, man verschafft sich bummelnd eine erste Orientierung, um sich dann in der Altstadt und in der Neustadt die einzelnen Sehenswürdigkeiten gezielt anzusehen. In

wurde und heute gut 3000 Zuschauern Platz bietet, wenn in den Monaten Mai, Juni und September klassisches Theater gespielt wird und Konzerte stattfinden. Von hier hat man einen herrlichen Ausblick auf die Rhodopen. *Am Südhang des Džambas Tepe | oberhalb des Tunnels und der Ulica Ivajlo | 3 Euro*

> *www.marcopolo.de/bulgarien*

### ARHEOLOGIČESKI MUZEJ (ARCHÄOLOGISCHES MUSEUM)

Der bedeutendste Schatz des Museums ist der Goldfund aus Panagjurište, der aus neun Gefäßen besteht und 6 kg wiegt. Andere wertvolle Exponate stammen aus der Antike, aus der thrakischen und der römischen Zeit. Sehenswert sind vor allem die Grabstätten aus der Bronzezeit aus der Region um Plovdiv, der Bronzehelm aus Brestovica aus der thrakischen Zeit sowie die byzantinischen Goldmünzen aus dem 12. Jh. *Ploštad Sâedinenie 1 | Di–So 10–17.30 Uhr | www. archaeologicalmuseumplovdiv.org*

### DŽUMAJA DŽAMIJA (DŽUMAJA-MOSCHEE)

Die Moschee aus dem frühen 15. Jh. besitzt innen einen sehenswerten Springbrunnen und an der Außenwand eine Sonnenuhr. *Ploštad Stambolijski*

### ETNOGRAFSKI MUZEJ (ETHNOGRAFISCHES MUSEUM)

Im unteren Teil des wunderschönen *Agir-Kujumdžioglu-Hauses* ist Handwerk der Wiedergeburtszeit ausgestellt. Interessanter als die Werkzeugsammlung sind die oberen Räume mit Mobiliar (viel mittel- und westeuropäischer Barock) und Trachten aus den Rhodopen. Im Juni und im September gibt es im Museumshof Kammermusikkonzerte. *Ulica Čomakov 2 | Di–So 9–12 und 13.30–17.30 Uhr*

### HISAR KAPIJA

Das Osttor stammt aus der spätantiken Zeit, als das heutige Plovdiv Stadt wurde (4.–1. Jh. v. Chr.). *Ulica Canko Lavrenov*

### RIMSKI FORUM (RÖMISCHES FORUM)

Vom Römischen Forum sind steinplattenbelegte Straßen und Fundamente von einzelnen Gebäuden freigelegt. *Am Centralen Ploštad | zwischen dem Hotel Trimontium Princess und der Hauptpost | 3 Euro*

### RIMSKI STADION (RÖMISCHES STADION)

Vom Stadion aus dem 2. Jh. sieht man den Ausgang und den Westteil

## MARCO POLO HIGHLIGHTS

★ **Veliko Târnovo**
Die denkmalgeschützte Altstadt ist eine faszinierende Konstruktion auf Felsterrassen (Seite 62)

★ **Koprivštica**
Eine sanfte Sinfonie aus Natur, Farbe und Baukunst im Mittelgebirge (Seite 59)

★ **Etâra**
Das Freilichtmuseum ist eine Schatzkammer alter Handwerkskunst (Seite 66)

★ **Altstadt von Plovdiv**
Die historische Altstadt von Plovdiv verkörpert die lange und wechselvolle Geschichte der Stadt (Seite 53)

★ **Bačkovski manastir**
Herrliche Klosteranlage mit einzigartigen Wandmalereien (Seite 58)

★ **Arbanasi**
Komplett restauriertes Händlerdorf, einzigartig in Bulgarien (Seite 66)

sowie Überreste von Räumen und einer Wasserleitung. 30 000 Menschen fanden hier einst Platz. *Ploštad Stambolijski | 3 Euro*

### STADTMAUER

Überreste der inneren Stadtmauer vom damaligen Philippopolis (4. bis 1. Jh. v. Chr.) befinden sich am Hügel Nebet Tepe im gleichnamigen Parkgelände.

### **Insider Tipp** SVETI SVETI KONSTANTIN I ELENA

Die Kirche wurde 1830–32 errichtet. Die vergoldete Außenwand schuf der bekannte Holzschnitzer Joan Paškula, zahlreiche Ikonen stammen vom bedeutenden Maler Zaharij Zograf. *Ecke Ulica Gorki/Starinna*

### WIEDERGEBURTSARCHITEKTUR

Die Seele der musealen Atmosphäre der Altstadt bilden die Häuser aus dem 19. Jh. Das *Agir-Kujumdžioglu-Haus* aus dem Jahr 1847 gehört dank seiner reich dekorierten Fassade zu den meistfotografierten Objekten der Stadt. Heute beherbergt es das *Ethnografische Museum.*

Das *Georgiadi-Haus* besticht durch seine Fassade mit den Erkern und dem geschwungenen Vordach. Hier befindet sich heute das *Museum für nationale Befreiung (Ulica Canko Lavrenov 1 | Mo–Sa 9–12 und 14–17 Uhr).*

Das *Hindilian-Haus* gehörte einer **Insider Tipp** wohlhabenden armenischen Kaufmannsfamilie und beherbergt die wohl prächtigste und kostbarste Inneneinrichtung der Stadt. *Ulica Artin Gidikov 11 | Mo–Fr 9–12 und 13–18.30 Uhr*

### ■ ESSEN & TRINKEN ■

### ALAFRANGITE

Hier essen Sie in einem wunderschönen Gebäude aus dem 19. Jh. mit einem einladenden Garten. Bulgarische und europäische Küche, Klaviermusik. *Ulica Kiril Nektariev 17 | €€*

Sveti Sveti Konstantin i Elena: prachtvolle Wandmalereien

# ZENTRALBULGARIEN

### AMSTERDAM
Stilvolles Ambiente, europäische Küche. *Ulica Konstantin Stoilov 10* | €€

### ANTIK
Türkische Küche, große Auswahl an Spezialitäten. *Bulevar 6. Septemvri 216 | www.restaurantantik.com* | €€

### EREWAN
Pikante bulgarische und armenische Küche, einfache Ausstattung. *Ulica Otec Paisij 29* | €

### ODEON
*Insider Tipp*

Neues Restaurant direkt am Rimski Forum, kunstvoll eingerichtet. Bulgarische und mitteleuropäische Küche, Sommerterrasse. *Ulica Otec Paisij 40* | €€ – €€€

### PÂLDIN
Das vornehmste Haus in der Altstadt mit einer breiten Palette bulgarischer Gerichte. *Ulica Knjaz Ceretelev 3* | €€ – €€€

## ■ EINKAUFEN
In der *Strâmna-Gasse* sind das alte Handwerk und – vor allem – das Kunsthandwerk zu Hause. In kleinen Werkstätten gehen hier Kupferschmiede, Kürschner oder Pantoffelmacher ihrer Arbeit nach, und ihre Produkte – die die Passanten natürlich zum Kauf anregen sollen – zieren wie Museumsstücke Vitrinen und Wände der zuweilen winzigen Lädchen.

## ■ ÜBERNACHTEN
### BÂLGARIJA
Minimalkomfort im Stadtzentrum. *60 Zi.* | *Ulica Patriarch Evtimij 13* |

Tel. 032/63 36 62 oder 63 35 99 | Fax 63 34 03 | *www.hotelbulgaria.net* | €– €€

### HEBROS
*Insider Tipp*

Süßes kleines Haus in der Altstadt, vorzügliche Ausstattung innen wie außen. Auch das Restaurant ist empfehlenswert. *3 Zi., 3 Apartments | Ulica Konstantin Stoilov 51 a | Tel. 032/ 26 01 80 oder 62 59 29 | Fax 26 02 52 | www.hebros-hotel.com* | €€€

### PARKHOTEL IMPERIAL 🔊
Zentral und ruhig gelegen, zur Altstadt und zum Messegelände je zehn Minuten Fußweg. Hauseigener Garten. *120 Zi.* | *Ulica Arhitect Kamen Petkov 1 a | Tel. 032/60 07 30 | Fax 60 07 35 | www.hotelimperialbg.com* | €– €€

### TRIMONTIUM PRINCESS
Das architektonische Zuckerbäckerwerk hat mit der Renovierung deutlich an Qualität (und auch bei den Preisen) zugelegt. *160 Zi.* | *Ulica Kapitan Rajčo 2 | Tel. 032/60 50 00 | Fax 60 50 09 | www.trimontium-princess.com* | €€€

## ■ AM ABEND
An klassischer Musik und Theater hat Plovdiv einiges zu bieten. Die *Konzerthalle*, das Stammhaus des städtischen Philharmonischen Orchesters, befindet sich auf dem *Centralen Ploštad*, die *Oper* auf dem *Bulevar Sašo Dimitrov 23*. Ein renommiertes *Festival der Kammermusik* findet alle zwei Jahre (immer in ungeraden Jahren) im Juni statt. Die *Konzerte* werden *im Hof des Ethnografischen Museums* gegeben, wo einheimische Künstler den

ganzen Sommer hinweg gastieren (Karten für Musikveranstaltungen auf der *Ulica Knjaz Aleksandâr 35*). *Klassisches Theater* bieten das *Haupthaus* in der *Ulica Knjaz Aleksandâr 36* und in besonders eindrucksvoller Umgebung das *Amphitheater*.

In der *Ulica Knjaz Aleksandâr*, um den *Ploštad Stambolijski* herum und in der Altstadt haben sich inzwischen belebte Zentren der Kaffeehaus- und Barkultur etabliert. Angenehme Umgebung für einen Drink ist der Club 🔊 ▶▶ Gallardo: modern eingerichtet, Cocktails. *7.30–4 Uhr | Bul. Maria Luiza 3.*

## ■ AUSKUNFT

### BALKAN VIP TOURS
*Bulevar Car Boris III Obedinitel 37 | und auf dem Messegelände | Halle 8 | Tel. 032/90 34 30 | Fax 90 22 62 | viptours@ta.bg*

### PLOVDIVGUIDE
*Ulica Ravništa 6 | Tel. 032/64 07 50 | info@plovdivguide.com, www.plovdivguide.com*

## ■ ZIELE IN DER UMGEBUNG

### ASENOVGRAD          [122 B3–4]
Eine der schönsten Strecken in den Rhodopen ist die Straße 86 von Plovdiv über Asenovgrad nach Smoljan. Das 20 km südlich gelegene Asenovgrad (50 000 Ew.) besitzt mit der Festung **Asenova krepost** eine der ältesten Burgen Bulgariens. Die Festungsanlage am Ende eines malerischen Tals in den Ausläufern der Rhodopen begeistert vor allem durch die exponierte Lage der zweigeschossigen ☼ *Kirche Sveta Bogoridza Petritschka*.

*Insider Tipp*

### BAČKOVSKI MANASTIR
(BAČKOVO-KLOSTER) ⭐    [122 B4]
Die gut 20 km südlich in der Nähe von Asenovgrad gelegene Anlage ist nach dem Rila-Kloster die zweitgrößte und steht auch wegen ihrer Bedeutung für die Architektur, die Kunst und das geistige Leben des Landes auf Platz zwei. Gegründet wurde das Kloster 1083 von den georgischen Brüdern Grigori und Abasi Bakuriani, die für die Gemeinschaft vom byzantinischen Kaiser einen autonomen Status erwirkten. Vom 12.–14. Jh. wechselten bulgarische und byzantinische Besitzverhältnisse einander ab, bevor Mitte des 14. Jhs. der bulgarische Zar Ivan Aleksandâr seine Macht über die Rhodopen festigte. Das älteste Gebäude der Anlage ist das Beinhaus, eine Kirchengruft, die bereits zu Gründungszeiten des Klosters angelegt wurde. Der Rest geht im Wesentlichen auf den Wiederaufbau im 17. Jh. zurück. 1604 wurde die Hauptkirche *Sveta Bogorodica* errichtet. Diese Kirche ist als der einzige monumentale Kultbau der Bulgaren aus der Zeit vor der nationalen Wiedergeburt erhalten geblieben. Die bedeutendsten Wandmalereien befinden sich indes in der *Nikolaikirche* im Südhof. Die 1840 fertig gestellten Schöpfungen sind in die Geschichte der bulgarischen Kunst eingegangen – das erste bezeugte Werk des Meisters Zaharij Zograf. Hier finden sich das erste Selbstbildnis eines bulgarischen Malers, die ersten echten Genrebilder und realistischen Landschaften sowie erstmals auch eine Kritik an der Obrigkeit: Die Plovdiver Honoratioren sind beim Jüngsten Gericht unter den Sündern der Stadt.

## KOPRIVŠTICA ⭐ [122 A1]

Ein liebliches Tal im Mittelgebirge Sredna Gora, umgeben von bewaldeten Hängen, durchzogen von zwei Flüssen, und darin eine schier unendliche Ansammlung von Bilderbuchhäuschen aus dem 18. und 19. Jh.:

der Stadt Goce Delčev, liegen die Postkartendörfer **Kovačevica und Lešten.** Hier scheint die Zeit seit Jahrhunderten stehen geblieben zu sein. Häuser aus Holz und Stein, enge Gassen mit Kopfsteinpflaster: Die Dörfer stehen komplett unter

Bogengang im Bačkovo-Kloster: Die Klosteranlage wurde 1083 gegründet

Koprivštica ist eine sanfte Sinfonie aus Natur, Farbe und Baukunst.

Auskunft und Hinweise gibt das *Touristische Informationszentrum | Ploštad 20 april 6 | Tel./Fax 07184/ 21 91 | www.koprivshtitsa.info*

## KOVAČEVICA UND LEŠTEN

Im westlichsten Teil des Rhodopen-Gebirges, 15 bzw. 20 km nördlich

Denkmalschutz. Wegen der idyllischen Kulisse wurden hier auch zahlreiche bulgarische Filme gedreht. In der Umgebung kann man reiten, wandern und angeln. *Familienhotel Bjalata Kăšta | Kovačevica | 9 Zi., Mehana | Tel. 08 89/888 63 42 | eco tourbg.com | €.* Übernachtungen in Lešten: *Tel. 07 52/75 22, leshten. hit.bg | €€*

### PAMPOROVO [122 A–B5]

Knapp 90 km südlich von Plovdiv auf einer Höhe von 1620 m befindet sich tief im Innern der Rhodopen am Fuße des Gipfels Snežanka die ▶▶ Tourismusanlage Pamporovo, ein beliebtes Wintersportzentrum. Von Mitte Dezember bis Mitte April herrschen vorzügliche Schneebedingungen sowohl für Abfahrer als auch für Langläufer.

tiere zur Verfügung. Individualreisende können kostengünstiger in der südlich gelegenen Kleinstadt Smoljan oder im westlich gelegenen Dorf Stoikite übernachten. Als schönes Hotel ist im Sommer und Winter das *Grand Hotel Murgavec* zu empfehlen *(76 Zi. | Tel. 03021/83 10 oder 83 66 | www.mur gavets-bg.com | €€)*. Ein Tagesausflug außerhalb des Tourismuszentrums

Vielerorts ein Grund zum Feiern: Ende Mai, Anfang Juni werden die Rosen geerntet

Wer liebliche Gebirge bevorzugt, wird hier im Sommer mehr auf seine Kosten kommen als im Rila oder im Pirin – Sonne fast das ganze Jahr hindurch, blumenbedeckte Wiesen, stille Seen, rauschende Bäche, viel Duft nach Wildbeeren und Kräutern.

Mehrere Hotels und das *Feriendorf Malina (Tel. 03021/83 88)* mit 30 Holzhäuschen stehen als Quar-

führt zu einem der schönsten Flecken Bulgariens. Man fährt die Landstraße nach Westen in Richtung Dospat, nach etwa 30 km im Dorf Tešel geht es links ab nach Trigrad. Die Straße wird immer schmaler, die Felsen am Straßenrad immer höher. Nach weiteren 10 km ist die engste Stelle erreicht: Trigradsko ždrelo mit den Höhlen Insi Ti Djavolsko gărlo (Teufelsrachen) und

Haramijskata. In Djavolkso gărlo befindet sich ein unterirdischer 60 m hoher Wasserfall. Der Legende nach ist das der Ort, von dem aus Orpheus in die Unterwelt hinunterging, um seine Geliebte Eurydike zu suchen. Hier werden täglich mehrere Führungen angeboten, Dauer: 30 Min. Die Höhle Haramijskata ist nur mit Führung zu durchqueren. Die Höhlenwanderung hier ist anspruchsvoller und dauert 4 bis 5 Stunden: ein Abenteuererlebnis für Sportliche. Informationen, Bergführer und Ausrüstung in Trigrad, Hotel Silivrjak, *Tel. 030 40/220*

### ROZOVA DOLINA
### (TAL DER ROSEN) [122 B–C1]

Das Rosenöl gehört zu den weltberühmten Produkten Bulgariens – aber das Tal der Blüten, in dem es gewonnen wird, gehört auch zu den am meisten überschätzten Regionen des Landes. Es hat zwei Attraktionen zu bieten. Zum einen das *Rosenfest*, das zum Beginn der Rosenernte stattfindet. Die einzig empfehlenswerte Zeit für eine Fahrt ins Tal ist die Zeit der Rosenblüte *(Ende Mai/Anfang Juni),* sowohl der Farben wie des Dufts und des Rosenfestes wegen. Dabei zeigen die Bulgaren Rituale der Rosenernte, begleitet von Musik und Tanz. Das Fest wird in *Kazanlăk* und in *Karlovo* begangen, aber auch in kleineren Orten finden Feiern statt.

Der Tal der Rosen ist auch ein Ausgangspunkt für Ausflüge in die Berge. Besonders eindrucksvoll sind die schäumenden Flussläufe der Strjama und der Tundža in den Durchbrüchen durch das Mittelgebirge Sredna Gora, zu denen man am besten von Kalofer aus startet. Die größte Attraktion *Kalofers* ist das *Geburtshaus von Hristo Botev* (1848–1876), dem Poeten, utopischen Sozialisten und aktiven Revolutionär, der bei einer Aktion kurz nach dem Aprilaufstand von 1876 gegen die türkischen Herrscher bei Vraca getötet wurde.

Die Städte im Tal der Rosen sind leider weit weniger attraktiv, als manche Prospekte vermuten lassen. Die als Ausgangspunkt für einen Besuch im Rosental am besten geeignete Stadt ist *Kazanlăk* (58 000 Ew.) 120 km nordöstlich von Plovdiv.

Berühmt ist hier das *thrakische Grabmal* aus dem 4. Jh. v. Chr. im *Tjulbeto-Park*, das 1944 durch Zufall entdeckt wurde. Das Original ist schutzeshalber für die Öffentlichkeit nicht zugänglich, aber etwa 50 m daneben ist eine Nachbildung zu besichtigen *(tgl. 8.30–17.30 Uhr).*

## >LOW BUDGET

> Dorftourismus (Selski Turiszăm): Der Urlaub auf dem Bauernhof liegt im Trend – eine preiswerte Alternative, um Land und Leute kennen zu lernen. Meist bieten die Gastgeber auch Verpflegung an. *www.rural bulgaria.com | selskiturizam.start.bg*

> Gutes Preis-Leistungs-Verhältnis im Restaurant Gladiatori: schönes Ambiente, Sommergarten, *Plovdiv | Ulica Dimităr Talev 87 | www.gladiatori.info*

> Zwischen Pamporovo und Trigrad, im malerischen Dorf Široka Lăka, liegt das Zgurov-Haus (Zgurovata kăšta). Es hat nur 3 Zi. und eine traditionelle Mehana. Nette Bedienung. *Tel. 030 30/277 | www.zgurovskihause. hit.bg | €*

Im selben *Parkgelände*, nahe der nach Šipka führenden Straße, befindet sich das *Museum der Rose und der Rosenindustrie (Bulevar Osvoboždenie 49 | tgl. 9–18 Uhr)*, in dem die Herstellung der verschiedenen Produkte in unterschiedlichen Epochen

# VELIKO TÂRNOVO

[116 C5] ⭐ **Zum Süden hin der Balkan, zum Norden das hügelige Donautiefland, unten im Tal die Windungen des Flusses**

Die Altstadt von Veliko Târnovo ist pittoresk mit ihren verwinkelten Gassen

vorgestellt wird. Mitten im Stadtkern befindet sich das *Hotel Kazanlâk (187 Zi. | Ulica Rozova Dolina 2 | Tel. 04 31/202 06 | Fax 273 85 | www. hotelkazanlak.com | €)*, die erste Adresse in der Stadt.

In *Karlovo* (29 000 Ew.) ist Vasil Levski geboren, dessen *Geburtshaus* zum Museum ausgeschmückt worden ist *(Ulica General Karzov 57 | tgl. 8.30–13 und 14–17 Uhr)*. Lohnend ist ein Gang durch die Altstadt, wo einige Häuser aus dem 19. Jh. restauriert worden sind.

**Jantra und mittendrin die Stadt Veliko Târnovo.** Die Stadt erinnert in ihrer Form an einen großen Vogel, der sich mit ausgebreiteten Schwingen auf den Felsterrassen niedergelassen hat – die Stadt zählt zu den malerischsten des Landes und steht heute unter Denkmalschutz.

Eine 5000-jährige Geschichte der Besiedlung hat diese wunderschön gelegene Stadt (66 000 Ew.) hinter sich, zwei Jahrhunderte lang, vom Ende des 12. bis Ende des 14. Jhs., war sie die Hauptstadt des Zweiten

❯ *www.marcopolo.de/bulgarien*

Bulgarischen Reiches und eine kurze Zeit lang, nach der Ausgliederung aus dem Osmanischen Reich, auch die des neuen bulgarischen Staates. Veliko Târnovo war Wiege vieler bedeutender Schulen in der Literatur, Baukunst und Malerei, Heimat und Zentrum berühmter Vertreter der Nationalen Wiedergeburt.

Die Überreste vom Zarenschloss und die Patriarchenkirche auf dem Hügel Carevec zeugen von der einstigen Rolle als Hauptstadt, die verwinkelten Gässchen im alten Teil südlich und nördlich der Straße Dimitâr Blagoev von der Zeit der Nationalen Wiedergeburt und der antitürkischen Bewegung. Die Atmosphäre des 19. Jhs. ist zwar erhalten geblieben, aber ein großer Teil der Gebäude hat erheblich gelitten.

## ▮ SEHENSWERTES ▮

Vom Denkmal der 1876 an dieser Stelle gehenkten Revolutionäre am Ende der Ulica Dimitâr Blagoev lässt sich ein Rundgang sehr gut beginnen.

### ARHEOLOGIČESKI MUZEJ (ARCHÄOLOGISCHES MUSEUM)

Der Schwerpunkt der musealen Sammlung liegt auf der Zeit von 1200 bis 1400, als Veliko Târnovo die Hauptstadt des Bulgarenreichs war. *Ulica Ivanka Boteva | Di–So 8–12 und 13–18.30 Uhr*

### ASENOVATA MAHALA (ASEN-VIERTEL)

Vom mittelalterlichen Viertel, in dem einst Handwerker, Händler und niedere Geistliche lebten, ist nichts mehr zu sehen. Drei Kirchen aus jener Zeit sind erhalten. Die älteste ist Sveti Dimitâr Solunski *(Kirche des heiligen Demetrios von Thessalonike)* von 1185 am nordöstlichen Hang des Trapezica. Hier riefen 1185 die Brüder Asen und Petâr den Aufstand gegen Byzanz aus. Direkt gegenüber, am anderen Ufer des Jantra, erhebt sich *Sveti Sveti Petâr i Pavel (Peter-und-Paul-Kirche)*. Die künstlerisch bedeutendste ist Sveti 40 mâčenici *(Kirche der heiligen 40 Märtyrer, Ulica Kliment Ohridski)* aus der ersten Hälfte

## ❯ BERÜHMTE BULGAREN
### *Vom Nationaldichter bis zum Verhüllungskünstler*

Die beiden berühmtesten Schriftsteller des Landes könnten unterschiedlicher kaum sein. *Ivan Vazov* (1850–1921) hat sich seinen Ruf als „Nationaldichter" redlich verdient. In seinem bekanntesten Roman „Unter dem Joch" und in anderen Werken verherrlichte er die bulgarische Nationalbewegung so sehr, dass man getrost von einer Blut-und-Boden-Mentalität sprechen kann. *Pejo Javorov* (1878–1914) hingegen, der wohl bedeutendste bulgarische Lyriker,

gehörte zu den Mitbegründern des Symbolismus in der bulgarischen Literatur. Weltberühmt wurde ein Bulgare unter seinem Vornamen Christo. Der Aktionskünstler (geb. 1935) studierte an der Kunstakademie in Sofia. Seine Großprojekte, z.B. der verhüllte Reichstag in Berlin 1995 oder „The Gates" im New Yorker Central Park 2005, sorgten immer für ebenso spektakuläre wie überraschende Perspektiven.

des 13. Jhs. Besonders sehenswert sind im Inneren die Säulen des Khan Omurtag und des Ivan Asen II. Die Inschriften auf diesen Säulen zählen zu den ältesten schriftlichen Überlieferungen über das mittelalterliche Bulgarien.

## ❄ CAREVEC-HÜGEL

Die natürliche Felsenfestung auf dem Carevec-Hügel bildete das politische und geistliche Zentrum des Zweiten Bulgarischen Reiches. Von dem einstigen *Zarenpalast* sind die Fundamente freigelegt, ein Teil der Festungsmauern, darunter der *Balduin-Turm*, wurde restauriert. Bei den Ausgrabungen stieß man auch auf die Fundamente von Wohn- und Wirtschaftsbauten, Kirchen und Klöstern.

Auf der Hügelspitze, wo einst die Patriarchenkirche – *Sveti Văznesenie (Christi Himmelfahrt)* – stand, wurden in den Achtzigerjahren des 20. Jhs. in deren Überresten sozialistisch-realistische Fresken angebracht. Vom *Hinrichtungsfelsen* an der Nordspitze stürzte man im Mittelalter Verräter hinab.

In dem gigantischen Licht-und-Ton-Spektakel *Zvuk i svetlina* wird die Geschichte Bulgariens symbolisch dargestellt. Ein Genuss für Ohr und Augen. Regelmäßig zu sehen an Nationalfeiertagen, außerdem können Gruppen diese Veranstaltung bestellen. Reservierungen und Infos zu Preisen: *Tel. 062/63 69 52* oder im Touristik-Informationszentrum.

## MUZEJ VĂZRAŽDANE I UČREDITELNO SĂBRANIE

Im früheren Konak bezeugen die Exponate des „Museums der nationalen Befreiung und der Konstituierenden Versammlung" den patriotischen Kampf der Bulgaren gegen die Türken. Unverändert geblieben ist der Raum, in dem das erste bulgarische Parlament tagte und im Jahr 1879 die Verfassung annahm. *Ploštad Săedinenie | tgl. 10–17 Uhr*

Andrang vor der Festungsmauer des Carevec-Hügels, auf dem einst der Zarenpalast stand

### STARIJA GRAD (ALTSTADT)

Die bekanntesten Bauten in der Altstadt sind mit dem Namen Kolju Fičeto verbunden. So wurde der Autodidakt Nikola Fičev genannt, der als Begründer des neuzeitlichen Bauwesens und des nationalen Stils gilt. Nach seinen Entwürfen wurde das *Wirtshaus des Hadži Nikoli (Ulica Rakovski 17 | tgl. 10–17 Uhr)* gebaut, das heute das Ethnografische Museum beherbergt, sowie das *Haus mit dem Äffchen (Ulica Vâstaničeska 14)*, ein allseits beliebtes Fotomotiv. Auch das Amtsgebäude der türkischen Behörden, der *Konak (Ploštad Sâedinenie)*, in dem die erste Nationalversammlung Bulgariens 1879 die Verfassung des neuen Staates annahm, wurde von Fičev entworfen.

Auf der *Ulica Gurko* ist eine Reihe stilvoller Gebäude erhalten. Herausragend ist das *Sarafina-Haus (Ulica Gurko 88 | Di–Fr 9–12 und 14–18 Uhr)*, benannt nach dem Geldverleiher, dem es gehörte; seine prunkvolle Inneneinrichtung gibt Einblick in den Geschmack und die Kaufkraft der reichen Familien Târnovos im 19. Jh. Wieder zum Leben erwacht ist die Gasse *Samovodska Čaršija*, in deren kleinen Werkstätten die Meister ihrem Handwerk nachgehen.

### TRAPEZICA-HÜGEL

Auf diesem schwer zugänglichen Hügel hatten Adelige und hochrangige Vertreter des Klerus ihre Wohnsitze. Freigelegt wurden Grundmauern von 17 mittelalterlichen Kirchen sowie Teile der Dekorationen und Wandmalereien und einige weltliche Gebäude.

## ■ ESSEN & TRINKEN

### ŠTASTLIVECA

Bulgarische und internationale Küche. *Ulica Stefan Stambolov 79 | €*

## ■ ÜBERNACHTEN

### HOTEL CENTRAL

Neues Hotel in der Altstadt nahe dem Fluss Jantra. Sehr zentral gelegen, hauseigener Parkplatz. *15 Zi. | Ulica Hadži Dimitâr 17 | Tel. 062/60 60 96 | Fax 60 65 96 | www.hotelcentral-bg.com | €–€€*

### HOTEL GURKO

Kleine, feine Adresse in der Altstadt in einem restaurierten Wiedergeburtshaus. Das Hotelrestaurant bietet traditionelle Speisen an. *12 Zi. | Ulica Gurko 33 | Tel./Fax 062/62 78 38 | www.hotel gurko.hit.bg | €€*

## ■ AUSKUNFT

### TOURIST-INFORMATIONSZENTRUM

*Ulica Hristo Botev 5 | Tel. 062/62 21 48 | www.velikoturnovo.info*

## ■ ZIELE IN DER UMGEBUNG ■

### ARBANASI ⭐ [117 D4]

Das 4 km nordöstlich von Veliko Târnovo gelegene Dorf gehört noch zu den Baudenkmälern von Veliko Târnovo und steht ebenfalls unter Denkmalschutz. Von massiven Steinmauern umgebene Häuser mit eisenbeschlagenen Toren und vergitterten Fenstern lassen sie von außen wie Festungen erscheinen. Ganz anders die Inneneinrichtung mit zierlichen Holzschnitzereien, schönen Fliesen und reicher Wandbemalung. Zehn Häuser sind restauriert worden, zwei von ihnen wurden in Museen verwandelt, darunter das *Dragostinov-Haus.*

Die Goldkuppeln der Kirche von Šipka sieht man schon von weitem

Sehenswert unter den fünf Kirchen Arbanasis ist vor allem die *Christi-Geburt-Kirche* aus dem 17.Jh. Von den Kulturschätzen der beiden *Klöster – Sveti Nikola* und *Sveta Bogorodica –* haben die Wandmalereien in der *Elias-Kapelle* des *Nikola-Klosters* den höchsten künstlerischen Wert. Den besten Blick über das Tal bis hin zu den Gipfeln des Balkans hat man vom Hotel *Arbanasi-Palast,* der ehemaligen 🌿 Residenz Todor Schivkovs. Diese Aussicht sollten Sie sich bei einem leider etwas teureren Tässchen Kaffee nicht entgehen lassen.

Inside Tipp

### BOŽENCI [116 C5] Inside Tip

In idyllischer Stille gut 40 km südwestlich nahe Gabrovo liegt das Museumsdorf Boženci. In den Gassen scheint die Zeit stehen geblieben zu sein. Um die weiß getünchten, mit Steinplatten bedeckten Häuser wuchert Efeu, im Dorfzentrum stehen Brunnen und Weinstube da wie vor 150 Jahren. Mehr als 100 Gebäude stehen unter Denkmalschutz.

Sehenswert ist vor allem das Haus eines reichen Wollhändlers aus dem frühen 19.Jh., *Kâštata na Dončo Popa.* Wer die Einrichtung eines bäuerlichen Heims aus dieser Zeit sehen möchte, sollte das Haus von *Baba Kostadinica* aufsuchen. Für Unterkunft und Speisen ein schönes kleines Haus im Grünen: *Kâšta-Mehana Dvata Štrausa* | 5 Zi. | Tel. 06 71 93/384 | www.scraft.net/twoos | €

### ETÂRA ⭐ [116 C5–6]

Gut 50 km südlich von Veliko Târnovo hinter Gabrovo öffnet sich in einem Waldstück das originellste und malerischste Freilichtmuseum Bulgariens. In originalgetreuen Kopien von alten Werkstätten werden 26 traditionelle Handwerke demonstriert.

Durch die Gassen schlendernd, kann man den Handwerkern bei ihrer Arbeit zuschauen. Ob in der Messerschmiede, der Walkmühle, der Holzfräserei oder der Litzenweberei – Werkzeuge, Einrichtungen, Mechanismen und Tätigkeiten sind hier fast genau in der Form zu sehen, wie sie in der Zeit der Nationalen Wiedergeburt in dieser Gegend vorherrschend war. Es werden auch Kurse für Hobbyhandwerker angeboten. Zu Ostern, Weihnachten und an den wichtigsten bulgarischen Namenstagen werden **alte bulgarische Bräuche** mit Musik und Tanz zelebriert. Man kann die hier gefertigten Teile auch erstehen. Es gibt gute Qualität zu moderaten Preisen.

Das Museumsdorf wurde von einem Privatmann gegründet, 1963 wurde es ein staatliches Freilichtmuseum. Etâra ist für Touristen gut erschlossen; in der Anlage selbst bietet der Weinkeller bulgarische Gerichte an, eine Bäckerei daneben das beliebte Weißbrot dieser Gegend und mehrere Cafés die typisch bulgarische *bjalo sladko* („weiße Süße"), eine Mischung aus Zucker, Wasser und Gewürzen.

Auskunft unter *www.etar.org* oder im *Hotel Stranopriemnica,* das ein Teil der Anlage ist *(42 Zi. | Tel. 066/80 18 32 | Fax 80 18 34 | €)*

Gasse im Museumsdorf Etâra: Traditionelle Handwerksbetriebe wurden rekonstruiert

## ŠIPKA [116 C6]

Über Gabrovo erreicht man den für die Bulgaren unter historischen Aspekten bedeutendsten Bergpass, den *Šipčenski prohod.* Hier hielten im August 1877 6000 Russen und Bulgaren drei Tage lang einer gewaltigen türkischen Übermacht stand. Wer heute die fast 900 Stufen zur Plattform auf dem ☀ Mahnmal für die gefallenen Bulgaren und Russen ersteigt, hat einen wunderschönen Ausblick auf das Tal der Rosen und auf Sredna Gora.

## TRJAVNA [116 C5]

Einen Abstecher wert ist der 40 km südwestlich von Veliko Târnovo gelegene Ort (12 000 Ew.), den der „Medicus" im gleichnamigen Roman als lebhaften Handelsplatz kennen lernt. Im alten Teil finden sich sehenswerte Architektur des 19. Jhs. und vor allem Zeugnisse der bekannten Mal- und Holzschnitzereischule von Trjavna. Im *Daskalov-Haus* wetteten einst zwei Meister, wer die schönere Zimmerdecke schnitzen kann. Ein halbes Jahr später waren zwei wunderschöne Exempel, beide mit der Sonne in der Mitte, fertig gestellt.

## > DAS ZENTRUM DES ALTEN BULGARIEN

An der Donau liegt Bulgariens einstiges „Tor zur Welt"

**> Der Nordosten des Landes liegt etwas abseits der Hauptreiseströme. Dabei hat er seine eigenen landschaftlichen Reize.** Die Täler der Jantra und des Beli Lom zerstückeln die Donautafel zwischen Veliko Târnovo und Ruse in kleinere Einheiten, weiter östlich gibt es weite Flächen von Gras- und Buschland, auf denen nur Schaf- oder Ziegenherden zu finden sind. Hier liegen auch die beiden Zentren des ersten Bulgarischen Reiches im

Mittelalter: die erste Hauptstadt Pliska, die zerstört wurde, und die Nachfolgehauptstadt Preslav. Im Nordosten ist vor allem auch die türkische Minderheit mit den Zentren Razgrad und Šumen vertreten. Die Bulgaren haben jedoch nach 1878 von der türkischen Architektur wenig übrig gelassen. Beherrschend sind die Donau und das Zentrum des Nordostens, Ruse. Die Lage der Stadt an der Donau, die tief in den

Bild: Donau in Ruse

# NORDOST BULGARIEN

östlichen und weit in den mittleren Teil Europas hineinreicht, eröffnet gute Aussichten für eine neue Blüte.

## RUSE

[117 D2] ⭐ **Der Atmosphäre und Tradition nach ist die 170 000-Ew.-Stadt Ruse (gesprochen mit stimmlosem, scharfem s) unter den bulgarischen Großstädten die offenste.** Sie war lange Zeit das „Tor zur Welt". Der Hafen von Ruse war auf Mitteleuropa ausgerichtet. Von dort kamen die Geschäftsreisenden, die nach Konstantinopel wollten. Sie brachten Gastspiele ausländischer Orchester mit und stellten neue Musik und Instrumente vor. Viel Prominenz gab der Stadt die Ehre: Kaiser Franz Joseph, Kaiserin Eugénie, Hans Christian Andersen, Franz Liszt. In Ruse wurde 1866 die erste Eisenbahnlinie Bulgariens gebaut (die nach Varna führende). Der öko-

Ruse – Geburtsstadt des Schriftstellers Elias Canetti

nomische und kulturelle Boom war nicht zuletzt der Vielvölkergemeinde zu danken, die sich hier gebildet hatte: viele Griechen, Armenier, einige Deutsche und am zahlreichsten sephardische Juden. Der Schriftsteller Elias Canetti wurde hier 1905 geboren und verbrachte seine ersten Lebensjahre in der Stadt.

Das Stadtbild unterstreicht den kosmopolitischen Charakter: Die Architektur weist den Einfluss vieler Baustile Europas auf: Barock, Renaissance, Empire, Art nouveau.

### ■ SEHENSWERTES

### ISTORIČESKI MUZEJ (HISTORISCHES MUSEUM)

Der Silberschatz aus dem Dorf Borovo, thrakisches Kunsthandwerk und Werkzeuge aus der Bronze- und der Steinzeit sind im ehemaligen Schloss *Dvorec Batenberg* ausgestellt; interessante ethnografische Abteilung. *Ploštad Aleksandâr Batenberg 3 | Mo–Fr 9–12 und 14–17 Uhr*

### MUZEJ NA TRANSPORTA I SÂOBŠTENIJATA (TRANSPORT- UND KOMMUNIKATIONSMUSEUM)

Vom hiesigen Bahnhof startete einst die erste Eisenbahn Bulgariens. Einige der Waggons sind auf dem Areal zu sehen. *Ulica Bratja Obretenovi 13 | tgl. 8–12 und 14–17.30 Uhr*

### SVETA TROICA (DREIFALTIGKEITSKIRCHE)

Die einzige christliche Kirche von größerer Bedeutung. 1632 errichtet, 1764 und 1881 um- und ausgebaut. Wie viele andere bulgarische Kirchen auch, wurde sie damals halb in den Boden hineingebaut, damit sie nicht auffiel. Sammlung alter Ikonen. *Ulica Goražd 1*

### ■ ESSEN & TRINKEN

### BALKANSKA PRINZESA

Die „Balkanprinzessin" ist ein Schiff mit einem Restaurant und einer Cocktailbar an Bord. Im Winter liegt sie am Ufer, im Sommer schippert sie auf der Donau. Traditionelle bulgarische Küche mit viel Fisch. *Stadthafen | Kai 6 | €–€€*

### MEHANA ČIFLIKA

Traditionelle bulgarische Küche mit einigen sonst selten angebotenen Topfgerichten in volkstümlichem Ambiente. *Ulica Otec Paisij 2 | €*

## ■ ÜBERNACHTEN

### BISTRA I GALINA

Komfortables Haus, einfallsreiche Architektur. *27 Zi., 2 Apartments | Ulica Han Asparuch 8 | Tel. 082/ 82 33 44 oder 23 43 71 | www.bg hotel.bg | €€*

### HOTEL RIGA

16-geschossiger Bau, vor allem auf Funktionalität bedacht. Es gibt drei Restaurants im Haus, das ☀ *Panorama* bietet eine vorzügliche Küche. *160 Zi., 9 Apartments | Pridunavski Bulevar 22 | Tel. 082/22 21 81 | Fax 23 03 62 | www.hotel-riga.com | €€*

## ■ AM ABEND

Die städtische Philharmonie und die Oper haben einen guten Ruf. Im März findet das Klassikfestival *Martenski musikalni dni (www.roussefes tival.mlnk.net)* statt. Neben dem *Dramatischen Theater Sava Ognjanov (Ploštad na Svobodata)*, in dem häufig Canetti gespielt wird, besitzt Ruse auch ein *Marionettentheater*.

## ■ DONAUFAHRTEN

Das Ausflugsschiff Rožen kann für Tagestouren nach Svištov oder Tutrakan gebucht werden. Der Ausflug nach Silistra und zurück dauert zwei Tage. Landschaftlich sehr reizvoll. *Bălgarsko rečno plavane | Ulica Otec Paisij 2 | Tel. 082/82 50 98 | www.brp.bg* oder *Dunav Tours | Ulica Olimpi Panov 5 | Tel. 082/82 48 36 | www.dunavtours.bg*

## ■ AUSKUNFT

### TOURISTIK-INFORMATIONSZENTRUM

*Ulica Aleksandrovska 61 | Tel. 082/ 82 47 04 | www.tic.rousse.bg*

## ■ ZIELE IN DER UMGEBUNG

### NATURPARK
### RUSENSKI LOM                [117 DE2–E3]

20 km südwestlich von Ruse liegt der Naturpark, der Heimat für 174 Vogelarten und viele andere Tiere und Pflanzen ist. Die Parkdirektion befindet sich in Ruse, *Bulevar Skobelev 7 | Tel./Fax 082/87 23 97.*

# MARCO POLO HIGHLIGHTS

⭐ **Tombul džamija**
Die größte Moschee Bulgariens
(Seite 73)

⭐ **Madara**
In den Felsen gehauene schriftliche Dokumente mit der Bezeichnung „Bulgarien"
(Seite 75)

⭐ **Ruse**
Die offene Atmosphäre ist spürbar, der Einfluss vieler europäischer Baustile sichtbar
(Seite 69)

⭐ **Skalni čerkvi pri Ivanovo**
Eine wahre Schatzkammer der Kunst (Seite 72)

# ŠUMEN

### SKALNI ČERKVI PRI IVANOVO (HÖHLENKLOSTER BEI IVANOVO) ★ [117 D2]

Die rund 15 km südlich gelegenen Felsen in 32 m Höhe über dem Rusenski Lom beherbergen einige der wenigen erhaltenen Denkmäler der mittelalterlichen bulgarischen Kunst: unter Unesco-Schutz stehende Wandmalereien im Höhlenkloster aus der Târnovo-Schule. Einsiedler ließen sich im 12. Jh. hier nieder und begannen mit dem Aufbau eines Klosterkomplexes in den Felsenschluchten, dessen bekanntester Teil, eine „Die Kirche" genannte Höhle, vermutlich 1331–71 entstand. Di–Sa 9–13 und 14–18 Uhr

### Insider Tipp THRAKISCHES GRABMAL [118 A3]

Gut 80 km östlich von Ruse bei Sveštari (in der Nähe der Stadt Isperih)

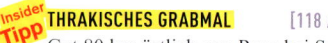
Vom Kloster Ivanovo blickt man ins Tal

befindet sich dieses unter Unesco-Schutz stehende Kulturdenkmal, das in der ersten Hälfte des 3. Jhs. v. Chr. für einen thrakischen Herrscher errichtet wurde. Die Architektur, die Wandmalereien und die gesamte künstlerische Gestaltung sind einmalig in Bulgarien. *www.museum isperih.org* | *tgl. 10–18 Uhr*

# ŠUMEN

[118 A5] Das ca. 100 000 Ew. zählende Šumen ist in zweifacher Hinsicht ein sichtbarer Ausdruck dessen, was nicht „die Geschichte", sondern die „Geschichtemacher" einem Stadtbild antun können. Von den Spuren der osmanischen Zeit ist abgesehen von der Tombul-Moschee fast nichts übrig geblieben; dafür sorgten die „nationalen Befreier" Bulgariens nach 1878. Umso mehr zeigt sich die sozialistische Urbanisierung im Stadtkern – einige Prestigeobjekte entlang der Hauptstraße. Dennoch lohnt sich ein Besuch: Zum einen sind neben der Tombul-Moschee einige Beispiele der Architektur aus dem 19. Jh. sehenswert, zum anderen eignet sich die Stadt bestens als Ausgangspunkt für Ausflüge zu den alten Hauptstädten Preslav und Pliska und zum Reiterrelief von Madara. Die angrenzenden Höhlen von Madara, die einst als thrakische Kultstätten dienten, werden auch von den Einheimischen als Pilgerort der Ruhe und Entspannung aufgesucht.

## ■ SEHENSWERTES ■

### DENKMAL „1300 JAHRE BULGARIEN"

Das Denkmal ist in Stein gemeißelter Nationalismus. Die Geschichte des

Landes als Mosaik und mit schöner Aussicht auf Šumen. *Treppe vom Bulevar Slavjanski | den Schildern südwärts durch den Park folgen*

Uhrturm, dessen Glocke ohne Unterbrechung seit seinem Baujahr 1740 zu jeder vollen Stunde schlägt. *Ulica Rakovski 21 | tgl. 9–18 Uhr*

Tombul-Moschee: größtes erhaltenes Zeugnis osmanischer Kultur in Bulgarien

### TOMBUL DŽAMIJA (TOMBUL-MOSCHEE) ★

Die größte erhaltene Moschee aus der osmanischen Zeit wurde 1744 von Sherif Halil Pascha errichtet. Der Hof der Koranschule (Medrese) wird von einem Brunnenhaus dominiert. Die Moschee – Zeuge der wechselhaften Geschichte des Landes – war während der sozialistischen Ära ein Museum, heute wird sie von den Muslimen wieder als Gebetshaus genutzt.

Einen schönen Blick auf den Kuppelbau und das doppelt so hohe Minarett erlaubt der nahe gelegene

### WIEDERGEBURTSARCHITEKTUR

Die größte Konzentration von Häusern aus dem 19. Jh. ist um die *Ulica Car Osvoboditel* herum zu besichtigen, die auch den Kern der Überbleibsel von der Altstadt bildet. Ganz nah bei der Tombul-Moschee steht das vielleicht prachtvollste Haus – das *Djukmedžjan-Haus (Ulica Stara planina 14)*, das Mitte des 19. Jhs. von einer armenischen Kaufmannsfamilie gebaut wurde. Man kann, wenn die Tore offen sind, in den Hof hinein.

Das *Kossuth-Haus (Ulica Car Osvoboditel 35 | Mo–Fr 9–17 Uhr)*

beherbergte den Führer der ungarischen Revolution von 1848 für einige Monate.

Das *Pančo-Vladigerov-Haus (Ulica Car Osvoboditel 136 | Mo–Fr 9–17 Uhr)* ist dem Patriarchen der klassischen Musik Bulgariens gewidmet. Der Museumskomplex zeigt eine Dokumentation über das Leben des Komponisten, sein erstes Klavier, aber auch die typische Wohneinrichtung aus dem Anfang des 20. Jhs. Im Kammermusiksaal und im Garten finden Konzerte statt, und jährlich wird ein Wettbewerb für junge Pianisten und Geiger ausgerichtet.

### ESSEN & TRINKEN

#### MEHANA STARIJA ŠUMEN

Traditionelle bulgarische Küche in ebensolchem Ambiente. *Im Hotel Šumen | Ploštad Oborište 1 |* €€

#### POPŠEJTANOVA KÂSTA

Das volkstümlich eingerichtete Lokal in einem schönen Haus aus dem 18./19. Jh. serviert einheimische Spezialitäten. Bei schönem Wetter ist der Sommergarten geöffnet. *Ulica Car Osvoboditel 76 |* €–€€

### ÜBERNACHTEN

#### HOTEL MADARA

Direkt im Zentrum, mit Restaurant, das die üblichen Grillgerichte in ansprechender Qualität bietet. *78 Zi. | Ploštad Osvoboždenie 1 | Tel. 054/ 575 98 | Fax 525 91 |* €€

#### HOTEL ŠUMEN 🔊

Großbau mit einem folkloristisch eingerichteten Restaurant. *120 Zi., 13 Apartments | Ploštad Oborište 1 | Tel. 054/87 91 41 | Fax 80 00 03 | www.hotelsh.ro-ni.net |* €€€

Das Reiterrelief von Madara steht auf der Welterbeliste der Unesco

### HOTEL ZAMÂKA

Neues, ruhiges Familienhotel. Wie der Name Zamâka nahelegt, sieht es wie ein Schloss aus. Die Inneneinrichtung ist komfortabel, ein Restaurant und ein Parkhaus ergänzen das Angebot. *12 Zi., 3 Apartments | Ulica Vasil Levski 21 | Tel. 054/ 80 04 09 | Fax 552 83 | www.zamak bg.com | €€*

### ■ AUSKUNFT

**TOURISTIK-INFORMATIONSZENTRUM**
*Bulevar Slavjanska 17 | Tel. 054/ 85 77 73 | www.shumen.start.bg* oder *www.shoumen.bg*

### ■ ZIELE IN DER UMGEBUNG

### MADARA ★ [118 B5]

Das berühmte Relief aus dem 8. Jh. zählt zu den bedeutendsten Dokumenten bulgarischer Kulturgeschichte. Es ist auf einer Höhe von 23 m aus einer Felswand unterhalb der alten Festung Madara rund 15 km östlich von Šumen herausgemeißelt worden und zeigt einen Reiter, der seine Lanze in einen vor ihm auf dem Boden liegenden Löwen gestoßen hat. Die Inschriften in griechischer Sprache um das Relief herum sind die ältesten bekannten Quellen, die das Wort „Bulgarien" enthalten. *Tgl. 9–17 Uhr*

### PLISKA [118 B4–5]

Heute sieht man von Pliska (25 km nordöstlich), bis 893 Hauptstadt des Ersten Bulgarischen Reiches, nur noch wenige Ruinen. Hilfestellung bei der Rekonstruktion bietet das *Museum. Anlage und Museum tgl. 9–17 Uhr | Tel. 053 23/20 12 oder 054/87 54 87*

### VELIKI PRESLAV [118 A5]

Nahe beim 20 km südwestlich gelegenen 10 000-Ew.-Städtchen Preslav befindet sich der Ausgrabungskomplex der einstigen zweiten Hauptstadt des Ersten Bulgarischen Reichs (10. Jh.). Hier ist erheblich mehr zu sehen als in Pliska: Früher war die Stadt, die auf eine slawische Besiedlung zurückgeht, von zwei Festungsmauern umgeben. Es gab die innere Mauer, die Zitadelle, und die äußere, die das gesamte Stadtgebiet schützen sollte. Ein Teil der Stadtmauer ist erhalten, ebenso Reste des Nord- und des Südtors, des Palasts, der Klöster und einiger Werkstätten. Jenseits des Südtors steht die sehenswerte *Goldene Kirche.* Ihr Innenraum ist durch ein Mosaik verziert. Im *Museum* des archäologischen Parks ist unter anderem schöne Keramik ausgestellt. *Anlage und Museum tgl. 8–17 Uhr | Tel. 05 38/26 30*

# > ROTE FELSEN, GRÜNE WÄLDER, WEISSER SAND

Die rauen Felslandschaften im Norden und die malerischen Städtchen im Süden sind ein reizvoller Kontrast

> Hier befindet sich das Zentrum bulgarischer Gastlichkeit, das die meisten Touristen kennen lernen. Auf 378 km Küstenlänge erstreckt sich eine vielfältige Pracht, mit der die Natur dieses Land ausgestattet hat. Die Bulgaren teilen die Schwarzmeerküste in zwei Abschnitte ein: einen nördlichen mit Varna als Zentrum und einen südlichen mit dem Zentrum Burgas. Die Aufteilung hat auch etwas mit einer Spaltung in zwei fast schon ideologische Lager zu tun. Nicht wenige Sofioter schwören Stein und Bein, dass die Strände im Süden viel schöner seien, was manche Varnenser wiederum für eine der typischen Boshaftigkeiten der Hauptstädter ihnen gegenüber halten.

Beide Teile haben ihren Reiz. Der Norden hat wunderschöne Felslandschaften um Balčik herum und namentlich bei Kaliakra zu bieten, wo rötliche Steine bis zu einer Höhe von 60–70 m aus dem Meer herausragen;

Bild: Strand von Sozopol

# SCHWARZ MEERKÜSTE

außerdem kann der Norden mit dem Goldstrand punkten und hat mit Varna ganz gewiss auch die interessantere Großstadt. Im Süden wird der Sand zusehends heller und feinkörniger. Um Primorsko wecken die üppige Vegetation und der mit Schlingpflanzen durchsetzte Wald im Mündungsgebiet des Ropotamo subtropische Gefühle. Diesen Teil schmücken mit Nesebâr und Sozopol die malerischsten Städtchen.

Ausführliche Informationen finden Sie im MARCO POLO Band „Bulgarische Schwarzmeerküste".

## BURGAS

[125 E3] Burgas (230 000 Ew.) ist ökonomisches, administratives und kulturelles Zentrum der südlichen Schwarzmeerküste Bulgariens. Geprägt wird die Stadt durch ihren Hafen und die Industrie. Eine Fußgängerzone mit zahlreichen Cafés und Restaurants sowie den obligatorischen Souvenirangeboten lädt zum Bummel ein.

### SEHENSWERTES

In der Stadtmitte konzentrieren sich die wichtigsten Sehenswürdigkeiten um die Straßenzüge *Aleksandrovska*

### ÜBERNACHTEN

**HOTEL BÂLGARIJA**

Das Hotel ist ein zentral gelegener, funktionaler Großbau. *163 Zi., 8 Apartments | Ulica Aleksandrovska 21 | Tel. 056/84 26 10 oder 84 28 20 | Fax 84 15 01 | www.bulgaria-hotel. com | €€ – €€€*

Das malerische Städtchen Nesebâr lädt zum Flanieren ein

und *Aleko Bogoridi.* Zu erwähnen sind das *Archäologische Museum* (Bogoridi 21) und die *Kathedrale Sveti Sveti Kiril i Metodij* sowie die kleine *armenische Kirche* in der *Ulica General Major Lermontov.*

### ESSEN & TRINKEN

**RESTAURANT PRIMOREZ**

Vorzügliche Küche im Restaurant des gleichnamigen Hotels direkt am Strand. *Bulevar Knjaz Aleksandâr Batenberg 2 | €€*

**BURGAS PLAZA**

Bestens eingerichtetes, neues kleines Haus mit großem Komfort. *11 Zi., 5 Apartments | Bulevar Bogoridi 42 | Tel. 056/84 62 94 | Fax 84 62 96 | www.plazahotel-bg.com | €€€*

### AM ABEND

Burgas besitzt ein eigenes Philharmonisches Orchester, Theater und Oper. Sommervorstellungen im Meerespark. Ende August ist das Folklorefestival ein besonderes Highlight.

> *www.marcopolo.de/bulgarien*

Beliebter Szenetreff der Jugend ist die Disko *Roxy (Bul. Ivan Vasov 1)*.

## ■ AUSKUNFT ■

### INTER TRAVEL

*Ulica Aleksandrovska 16 | Tel. 056/ 84 19 76 | Fax 84 12 01 | www.inter travel-bg.com*
Service für Touristen gibt es auch im Foyer des Hotels Bălgaria.

## ■ ZIELE IN DER UMGEBUNG ■

### KITEN, LOZENEC, AHTOPOL UND SINEMOREC ▶▶                [125 F4–5]

Je weiter man nach Süden fährt, desto höher die Temperaturen, desto heißer der Sand und desto ursprünglicher die Umgebung. Deshalb lohnt sich die Weiterfahrt nach Kiten, Lozenec, Ahtopol und Sinemorec. Der Süden bietet vor allem für Zeltbegeisterte hervorragende Möglichkeiten, abseits der frequentierten Orte ein ruhiges Plätzchen zu finden. Die Busanbindung an die nächstgrößeren Orte ist gut.

### NATURRESERVAT ROPOTAMO      [125 E4] *Insider Tipp*

Ungefähr 10km südlich von Sozopol, in einem sumpfigen Waldgebiet, sollten Sie unbedingt einen Zwischenstopp für eine kleine Schiffsrundfahrt einlegen. Das Naturreservat *(Naroden park)* Ropotamo, einst das exklusive Jagdgebiet von KP-Führer Schivkov, ist heute zumindest im Hochsommer ein fast tropisch anmutendes Pflanzen- und Tierparadies. Sobald zehn Interessenten zusammen sind, legen die Ausflugsschiffe ab. Von der Straße aus ausgeschildert.

### NESEBÂR ★                           [125 E3]

Eine Bilderbuchschönheit 35km nordöstlich auf einer Felsenhalbinsel, die auf engem Raum ihre antike Herkunft sichtbar werden lässt, zahlreiche prächtige Zeugnisse der mittelalterlichen Baukunst präsentiert und im ganzen Kern von malerischen Häusern der Wiedergeburtsarchitektur in verwinkelten

## MARCO POLO HIGHLIGHTS

★ **Varna**
In der Schwarzmeermetropole ist in den Sommermonaten jeden Abend Party
(Seite 81)

★ **Nesebâr**
Zauberhafte Mischung aus antiken Zeugnissen, byzantinischen Kirchenbauten und bulgarischer Architektur des 19. Jhs. (Seite 79)

★ **Kap Kaliakra**
Rotgoldene, wild zerklüftete Felsen ragen 70 m hoch über dem Meer
(Seite 89)

★ **Altstadt von Sozopol**
Das Fischerdorf hat sich Ursprünglichkeit und Ruhe bewahrt
(Seite 81)

★ **Arheologičeski muzej**
Prunkstück des Museums in Varna sind Funde aus einer Totenstadt von 5000–4000 v. Chr.
(Seite 82)

★ **Rimski termi**
Überreste der römischen Bäder aus dem 2. und 3. Jh. in Varna auf 7000 m$^2$
(Seite 83)

Gassen übersät ist. Der Ort (9000 Ew.) ist eine einzige Augenweide. Man sieht bereits während der Anfahrt links die Windmühle, dahinter Reste der antiken Stadtmauer am Hafen. Es erwartet Sie eine einzigartige Ansammlung von teilweise noch erhaltenen mittelalterlichen Kirchenbauten. Die romantische Atmosphäre macht aber die Architektur des 19. Jhs. aus: Sowohl der Fassade wie des Interieurs wegen sind das *Lambrinov-Haus* und mehr noch das *Muskojani-Haus* besonders sehenswert. Insgesamt sind 60 Häuser aus der sogenannten Wiedergeburtszeit erhalten.

Mit seinen zahlreichen Hotels und Restaurants ist Nesebâr mittlerweile ausreichend touristisch erschlossen. Die Kommerzialisierung stößt hier

tatsächlich bald an ihre Grenzen. Empfehlenswert ist Nesebâr daher für Individualtouristen vor allem in der Vor- und Nachsaison.

Wer seinen Kaffee mit der reizvollen Aussicht von einer Felstribüne am Meer einnehmen möchte, sollte im ✳ *Bistro Zornica* (€) in der Nähe der alten Metropolitenkirche einkehren. Fisch gibt es naturgemäß überall auf der Halbinsel; sehr schön sitzt man im *Restaurant Neptun* (€) an der Spitze und auf einer der drei Terrassen des *Restaurants Andromeda* in der *Ulica Ivan Aleksandâr 19* (€€).

Auskünfte über Veranstaltungen, Ausflüge etc. erhalten Sie im *Touristischen Informationszentrum (Ulica Tervel 7 | Tel. 0554/421 99 | www.nessebar.net)*.

Im Sommer liegt die Wassertemperatur an der Schwarzmeerküste bei perfekten 22 °C

# SCHWARZMEERKÜSTE

### SLÂNČEV BRJAG (SONNENSTRAND)   [125 E2]

Sonnenstrand 35 km nördlich ist der größte Ferienkomplex des Landes. Am 8 km langen, halbkreisförmigen Strand befinden sich über 100 Hotels, mehr als 130 Lokale, medizinische Zentren, Freilichttheater, Sportstätten und zahlreiche Geschäfte. Der Ferienkomplex war schon immer darauf bedacht, sich als kinder- und familienfreundlich zu präsentieren, doch leidet er an den üblichen Schwächen eines Touristengettos.

### SOZOPOL ▶▶   [125 E4]

Die ⭐ Altstadt von Sozopol (5000 Ew.) ist 30 km südöstlich von Burgas wie Nesebâr auf einer Felsenhalbinsel gelegen, und wie Nesebâr beherbergt sie eine Fülle von attrakti-

ven Häusern aus dem 19. Jh. Aber hier säumen Zypressen die mit Kopfsteinpflaster bedeckten Gassen, in der Sonne trocknen Fischernetze und unter den Dachgesimsen die Fische. Die Nase registriert den Geruch von Feigen und Trockenfisch, man hat das Rauschen der Brandung und den Flügelschlag der Möwen im Ohr.

Von den Kirchen ist vor allem *Sveta Bogorodica* sehenswert mit ihren Ikonen und Schnitzereien. Das *Archäologische Museum* beherbergt eine bemerkenswerte Sammlung griechischer Vasen. Die schönsten Häuser, Cafés und Restaurants finden Sie im Bereich der Straßen *Ulica Apolonija* und *Kiril i Metodij*.

Zu empfehlen sind die *Mechana Vjatarna Melnica* (€€), auf die Sie treffen, wenn Sie geradewegs durch den Ort marschieren (leicht zu erkennen an der kleinen Windmühle), und die *Mechana Ksantana* (€€). Beide Häuser servieren Fischgerichte und nationale Spezialitäten. Auf der anderen Seite der Halbinsel bietet sich das *Orfeij (Kiril i Metodij 34)* an.

# VARNA

[119 D5] ⭐ **Natürlich ist die zauberhafte Lage das Kapital der Stadt (350 000 Ew.), aber die Varnenser haben auch etwas daraus gemacht.** Neben den Stränden (Nord, Zentral, Süd) wurde ein wunderschöner, riesiger Meerespark angelegt, der zum Flanieren einlädt.

Die Altstadt von Varna – wo 570 v. Chr. aus Milet stammende Griechen den Ort Odyssos gründeten – befindet sich nicht gerade in musealem Zustand. Sie verbreitet den heimeligen Charme einer gewachsenen

# VARNA

Siedlung, die nach Hinterhof und Nachbarschaft riecht. Als „heilkräftigsten Seekurort im südöstlichen Europa" bezeichnet ein deutscher Reiseführer aus den Zwanzigerjahren die Küstenstadt. Die Badanlage, selbst die Umkleideräume aus dieser Zeit sind erhalten geblieben. Heute haben sich hauptsächlich Restau-

ausschließlich zum Bummeln oder Ausgehen. Denn kulturell hat Varna einiges zu bieten: Mit dem Varnaer Sommer wird ein herausragendes ▸▸ Festival für klassische Musik, Theater, Oper und Ballett geboten, das auch internationale Stars anzieht. Vornehmlich im Festivalkomplex, aber auch auf den schönen Freilicht-

Zur Abwechslung mal ins Archäologische Museum nach Varna

rants, Bars und Diskotheken in den Anlagen angesiedelt – es ist die **Insider Tipp** längste ▸▸ Partymeile Bulgariens. Von Mai bis Mitte Oktober tummeln sich auf der 3 km langen Promenade abends Tausende von Menschen aller Altersklassen. Sie trinken Bier, feiern Partys oder gehen einfach spazieren.

Am Hausstrand Varnas sind die Einheimischen zumeist unter sich. Touristen besuchen die Stadt fast

bühnen im Meerespark kann man so manche laue Sommernacht mit schönen Klängen verbringen.

### ▇ SEHENSWERTES

### ARHEOLOGIČESKI MUZEJ (ARCHÄOLOGISCHES MUSEUM) ★

Die Prunkstücke der reichhaltigen Kollektion (50000 Exponate aus der vorgeschichtlichen Zeit bis zum Mittelalter) sind die Funde aus einer

Grabstätte der Kupferzeit (5000–4000 v. Chr.). Mehr als ein Drittel der freigelegten Grabstätten aus jener Zeit enthielten kein Skelett, sondern ausschließlich symbolische Grabbeigaben: viel Schmuck, Gegenstände aus purem Gold, zylinderförmige Perlen, aber auch Werkzeuge und Gefäße. Der Schmuck gehört zu den ältesten Goldschmiedefunden überhaupt. Im Museum ist auch eine Ausstellung bulgarischer Ikonen aus dem 16.–19. Jh. zu besichtigen. *Bulevar Marija Luiza 41 | Di–So (im Winter Di–Sa) 10–17 Uhr | www.am varna.com*

### ETNOGRAFSKI MUZEJ (ETHNOGRAFISCHES MUSEUM)

In einem der wenigen restaurierten Häuser der Wiedergeburtszeit wird der Alltag in der Region um die Wende zum 20. Jh. gezeigt – Trachten, Handwerk und Schmuck, Szenen volkstümlicher Feste und Rituale und die Originaleinrichtung einiger Räume aus dieser Zeit. *Ulica Panagjuriste 22 | Di–So (im Winter Mo–Fr) 10–17 Uhr*

### MORSKA GRADINA (MEERESPARK)

Das Riesenareal bei der Altstadt lädt zum Spazieren und Ausruhen ein.

### MUZEJ NA VÂZRAČDANETO (WIEDERGEBURTSMUSEUM)

Das Museum befindet sich im Gebäude der ersten bulgarischen Schule in Varna (erbaut 1862). Es zeigt unter anderem ein original eingerichtetes Klassenzimmer aus den Sechzigerjahren des 19. Jhs. *Ulica 27 juli 9 | Juni–Sept. Di–So, Okt.–Mai Di–Sa 10–17 Uhr*

### RIMSKI TERMI (RÖMISCHE THERMEN) ⭐

Etwa drei Viertel des Areals von 10 000 m$^2$ im Südosten der Stadt nehmen die römischen Thermalbäder aus dem 2. und 3. Jh. ein. Freigelegt wurden Reste vom Kanalsystem, von Wasserbecken sowie von zahlreichen Räumen und Hallen, von denen einige imposante Höhen erreichen. *Di–So (im Winter Di–Sa) 10–17 Uhr | 4 Euro*

### SVETO USPENIE BOGORODIČNO (MARIÄ-HIMMELFAHRT-KATHEDRALE)

Die Kathedrale von Varna wurde 1884–86 errichtet. Sehenswert ist vor allem der Ikonostas, die dreitürige Bilderwand, die von makedonischen Meistern aus Debâr geschaffen und

## >LOW BUDGET

> Nicht so flexibel wie mit dem Mietauto, aber dafür billiger unterwegs: Mit dem Minibus erreichen Touristen und Einheimische fast jeden noch so kleinen Ort an der Schwarzmeerküste und in der Umgebung. Mehrere Fahrten täglich. Tickets direkt im Bus oder im Busbahnhof: *Avtogara Varna | Bulevar Vladislav Varnenčik 158 | Tel. 052/44 83 49 | www.minibus-varna.com oder bei Avtogara Burgas, neben dem Bahnhof | Tel. 056/84 49 66 | mbusexpres.hit.bg*

> Ein Abstecher nach Balčik, Pomorie oder Carevo lohnt sich, denn außerhalb der Touristenzentren sind die Preise in Restaurants, auf Gemüsemärkten und in Lebensmittelläden wesentlich niedriger als in Slânčev brjag, Zlatni pjasâci oder Albena.

1912 hier angebracht wurde; die reiche Wandbemalung dagegen stammt aus den Jahren 1949/50. *Ploštad Mitropolit Simeon 8 | tgl. 7–18 Uhr*

### ■ ESSEN & TRINKEN ■

#### ČUČURITE

Bulgarische Küche mit Livemusik, Weinstube. Klein, aber fein. *Ulica Panagjurište 15 | €€*

#### LA FAMILIA

Italienische Küche, große Auswahl, alle Zutaten werden hier hergestellt. *Ulica Bregalnica 1 | €*

#### MORSKA SIRENA

Ein Fest für Liebhaber der bulgarischen Küche – und von Industrieromantik: Die Sonne versinkt direkt hinter den Kränen der Hafenanlagen und der Werft. *Morska gara | €€–€€€*

### ■ EINKAUFEN ■

Die Fußgängerzone bietet so ziemlich alles, was das Herz begehrt. In der *Ulica Knjaz Boris I* finden Sie neben allerlei Nippes und Souvenirs hin und wieder ein gutes Paar Schuhe oder ein schönes Kleidungsstück.

### ■ ÜBERNACHTEN ■

Die zahlreichen Reisebüros in der Stadt vermitteln Hotels und Privatquartiere.

#### ČERNO MORE BLACK SEA CASINO HOTEL

Mitten im Zentrum und nahe am Meerespark Morska gradina gelegen, ist dies das größte und auch komfortabelste Hotel Varnas. Vom ☀ Panoramarestaurant aus haben Sie einen **wunderschönen Blick über die Stadt.** *200 Zi. | Bulevar Slivnica 33 |*

**Insider Tipp**

Tel. 052/61 22 43 | Fax 61 22 20 | *www.chernomorebg.com | €€–€€€*

#### NAVARIJA

Hübsch restauriertes, kleines Haus, komfortabel und strandnah. *4 Apartments | Ulica Baba Rada 26 | Tel. 052/61 00 21 | Fax 23 20 46 | navaria.hit.bg | €€*

### ■ AM ABEND ■

Das Angebot ist breit gefächert und reichhaltig. Im Varnaer Sommer von Mitte Juni bis Mitte August gibt es fast täglich schöne Konzerte, Opern- oder Ballettaufführungen von Ensembles aus aller Welt. Eine angesagte Diskothek ist ▶▶ *Extravaganza* am Strand *Ribarskija Plaž.*

### ■ AUSKUNFT ■

#### REGIONALES TOURIST-INFORMATIONSZENTRUM

*Bulevar Car Osvoboditel 36 | Tel./Fax 052/60 29 07 | tourism@tourexpo.bg*

Weitere Informationen gibt es im Internet: *www.columbus-tour.com, varna.start.bg, www.varna-bg.com, www.varna-reisebueros.inn26.de*

### ■ ZIELE IN DER UMGEBUNG ■

#### EVKSINOGRAD [119 D5]

**Insider Tip***

Am östlichen Ortsrand von Varna, eine Abfahrt vor Sveti Sveti Konstantin i Elena, liegt Schloss Evksinograd, die Sommerresidenz der Zaren. Fürst Alexander von Battenberg erholte sich hier, und Zar Boris III. nutzte das Anwesen als Sommerresidenz. KP-Chef Todor Schivkov nächtigte allerdings nur im sogenannten Sommerbungalow. Auch heute ist die Anlage noch „Regierungshotel", daher der Öffentlichkeit nur selten zugänglich. Aber der schöne Park lohnt einen Ausflug.

### POBITI KAMÂNI
### (STEINERNER WALD)    [119 C–D5]

Die Entstehung dieser eigentümlichen Formation von Steinsäulen rund 20 km westlich ist nicht genau bekannt. Sie kannt und schön versteckt zwischen Varna und Goldstrand gelegen. Den Strand zeichnen vor allem mehrere kleine windgeschützte Buchten aus. Das Leben geht hier noch etwas ruhiger vonstatten, dennoch muss auf abendliche Unterhaltung in den zahlreichen Restaurants und Cafés der

Faszinierendes Naturphänomen: der Steinerne Wald mit bizarren Felssäulen

ragen bis zu 6 m in die Höhe, ihre Fundamente weisen beträchtliche Größenunterschiede auf. Sie sehen aus wie Tropfsteingebilde, nur dass sie an der Oberfläche stehen. Experten schätzen ihr Alter auf 50 Mio. Jahre. *Auf der Straße nach Sofia, Richtung Devnja*

### SVETI SVETI
### KONSTANTIN I ELENA    [119 D5]

Eigentlich der älteste Kurort Bulgariens, dennoch etwas weniger be-

zentralen Einkaufsmeile nicht verzichtet werden. Ein großer, bewaldeter Kurpark lädt zum Flanieren ein. Das Kloster *Sveti Konstantin* datiert aus dem 15. Jh. und gab dem Ort seinen Namen.

Von den Hotels ragt (auch im buchstäblichen Sinn) das *Grand Hotel Varna (235 Zi. | Tel. 052/36 14 91 | Fax 36 10 20 | www.gh-varna.com | €€€)* mit empfehlenswertem, aber teurem ✹ Restaurant heraus; ein angenehmes Café mit gutem Kuchen und schöner Aussicht ist das *Panorama in der zwölften Etage* des Internationalen Hauses der Wissenschaftler im Hotelkomplex Frederik J. Curie.

# ZLATNI PJASÂCI (GOLDSTRAND)

[119 E5] ▶▶ **Die reine Feriensiedlung nördlich von Varna ist die am besten gelungene Großanlage am Schwarzen Meer.** Goldstrand zeichnet vor allem eine schöne Verbindung zwischen dem ruhigen, sonnigen Strand und den waldbedeckten Abhängen aus, die bis an die Küste heranreichen. Das sorgt für eine gemütliche Atmosphäre im Inneren der Anlage – am Strand, abseits des Hauptwegs, ist von Massentourismus kaum etwas zu spüren. Der 3,5 km lange Strand erreicht teilweise eine Breite von 100 m und ist mit feinkörnigem, golden schimmerndem Sand bedeckt. Regelmäßig verkehren die typischen Bimmelbahnen im Seebad und halten an allen wichtigen Zielen. Von Mitte Mai bis Mitte Oktober ist Badesaison, wobei es im Frühling etwas länger kalt bleibt, der Herbst dafür umso länger mild ist.

## ■ ESSEN & TRINKEN ■

Mit Restaurants, Cafés und Bars ist der Goldstrand hervorragend ausgestattet. Im *Košarata* und *Ciganski tabor* (beide €–€€) werden zu guten Gerichten vom Grill Zigeunermusik und Volkstänze geboten.

### RIVIERA

Das Fischrestaurant wird auch *Ribkata* (das Fischlein) genannt. Es liegt unmittelbar am Strand, bietet fangfrischen Fisch und eine hervorragende Fischsuppe. *Auf dem Holiday-Club-Gelände Riviera, €€–€€€*

In der Ferienanlage Goldstrand ist für Unterhaltung am Abend gesorgt

### ČANOVETE

Gegrilltes Lammfleisch ist eine Spezialität des Restaurants an der Strandpromenade im südlichen Teil des Komplexes. €€ – €€€

### ■ ÜBERNACHTEN

Für Individualreisende wird es in den Sommermonaten schwer sein, ein Zimmer zu ergattern.

#### HOTEL IMPERIAL

Ein etwas sperriges Bauwerk, aber mit allem ausgestattet. Hier nächtigten in der Präsidentensuite unter anderem François Mitterrand und Erich Honecker. Zum Schönsten an diesem Haus gehört das ❈ *Café* mit Meeresblick. *46 Zi., 28 Apartments | Tel. 052/38 67 06 | Fax 38 67 09 | www.rivierabulgaria.com | €€€*

#### HOTEL PERUNIKA

Etwas einfacher und günstiger, aber mit eigenem Pool. *163 Zi. | Tel. 052/*

*35 53 10 | Fax 35 62 73 | www.perunika.com | €€*

### ■ AM ABEND

Am Abend locken neben vielen anderen die beliebten ▶▶ Diskos *Papaya* und *Astera*.

### ■ FREIZEIT & SPORT

Ausrüstungen fürs Segeln, Surfen, Wasserskifahren und Parasailing können z. B. am zentralen Strand beim Yachtclub gemietet werden. Viele Hotels haben Hallen- und/oder Freibäder und Tennisplätze wie das *Prima Sol Sunlight* und *Berlin Green Park.* Fahrräder und Velorikschas werden an zahlreichen Stellen verliehen.

### ■ AUSKUNFT

Informationen für Touristen gibt es in den einzelnen Hotels, auch in den Reisebüros in Varna. *www.goldensands.bg*

### ■ ZIELE IN DER UMGEBUNG

#### ALADŽA MANASTIR
#### (HÖHLENKLOSTER ALADŽA)        [119 D5]

Das Höhlenkloster gleich im Rücken von Goldstrand stammt aus dem 13. oder 14. Jh. In den Kalksteinfelsen sind zwei Stockwerke ausgehöhlt, die durch eine Treppe verbunden waren. Einen schönen Anblick bieten die sonnenbestrahlten ❈ Kalksteinfelsen, von denen man auch einen reizvollen Ausblick auf das Schwarze Meer hat. Mit dem Besuch können Sie einen schönen Spaziergang durch die schattigen Wälder oberhalb des Goldstrandes verbinden. An einigen Punkten laden Holzbänke und kleine Wasserquellen zu einem Picknick ein.

## ALBENA [119 E4–5]

10 km nördlich mit mehr als 50 Hotels, drei Campingplätzen und einem 7 km langen, bis 100 m breiten Strand. Viele Sportstätten, Geschäfte, zahlreiche Angebote für Kinder und ein dichtes Netz von Lokalen machen Albena zu einer autonomen Urlaubsinsel, der es allerdings an Atmosphäre fehlt. Umso mehr lohnt sich ein Ausflug aufs Land. 20 km westlich von Albena im kleinen Dorf Prilep [119 D4] befindet sich die Anlage  Čiflika Čukurovo. Man genießt die unverwechselbare Atmosphäre eines alten bulgarischen Landgutshauses. Die Küche des traditionellen Restaurants ist ausgezeichnet, die Speiseauswahl

riesig. Sogar Prinz Charles hat hier gespeist. Zum Komplex gehören auch Hotelzimmer mit Swimmingpool, Weinkeller, Museum und Pferdestall. *www.bulgarianecotravel.net*

## BALČIK  [119 E4]

Zumindest einen Tagesausflug wert ist die sogenannte „weiße Stadt" Balčik ca. 20 km nördlich von Goldstrand. Weiß deshalb, weil sich durch die Stadt und vor allem an der Küste wunderschön anzusehende Kalksteinfelsen ziehen. Sehenswert ist die Anlage *Dvoreza (tgl. 9–20 Uhr)* mit dem Schloss der rumänischen Königin Marija und dem Park, der einen botanischen Garten mit rund 3000

---

> ## BÜCHER & FILME
> ### Bulgarien mal als Untergangsepos, mal als Komödie

> **Baj Ganju** – Die satirischen Erzählungen sind über 100 Jahre alt, dennoch ist der Klassiker von Aleko Konstantinov heute immer noch der aktuelle Spiegel der bulgarischen Seele. Das Buch ist im Antiquariat zu finden.

> **Verfall** – Kritiker halten den Roman von Vladimir Zarev für das erfolgreichste literarische Werk Bulgariens seit der Wende. Ein Untergangsepos mit Sex, Crime und Gossensprache.

> **Vreme razdelno** – Der historische Roman Vreme razdelno (Zeit des Abschieds) von Anton Donchev erzählt eine Geschichte aus dem 17. Jahrhundert, als Bulgarien ein Teil des Osmanischen Reiches war. Das Buch wurde in 30 Sprachen übersetzt und 1988 unter dem Titel Vreme na nasilie verfilmt. Das monumentale Werk des Regisseurs Ljudmil Staikov

gilt als der beste bulgarische Film aller Zeiten, gedreht wurde im Dorf Kovačeviza in den Rhodopen. In Bulgarien auf DVD mit deutschen Untertiteln erhältlich.

> **Bulgarien – das Land der unbegrenzten Unmöglichkeiten** – Eine amüsante Low-Budget-Filmkomödie über das Land und seine Bewohner. Viele Tipps – z.B. wie man eine stark befahrene Straße überquert – sollten Sie lieber nicht zu ernst nehmen. Mit englischen Untertiteln.

> **Bulgarien** – Eine Filmreise von Sofia über die Schwarzmeerküste bis zum Rila-Kloster.

> **Welt weit Bulgarien** – Die Schwarzmeerküste, Preslav, Plovdiv, Sofia und die Klöster stehen im Mittelpunkt des Filmes über das Land und seine Schätze.

# SCHWARZMEERKÜSTE

Pflanzenarten und einer großen Sammlung von Kakteen beherbergt. Eine einfache, aber sehr beschauliche Sommerfrische. *www.balchik.de*

### KAMEN BRJAG ▶▶     [119 F4]

Nördlich des rund 10 km nördlich von Kap Kaliakra gelegenen Dörfchens Kamen brjag lassen sich im Sommer in den Höhlen der zerklüfteten Felsenlandschaft junge Leute und Künstler nieder. Wie in einer kleinen Stadt aus Höhlen verbringen einige hier ihren Urlaub.

Die kleinen „Privatbuchten" laden auf jeden Fall zu einem romantischen Picknick ein. Orientieren Sie sich nach der Ortsdurchfahrt von Kamen brjag an einem ✺ Aussichtsturm, der einsam auf weiter Flur an der Küste steht. Dort kann man relativ leicht die Klippen hinabsteigen. Trittsicherheit ist trotzdem unbedingt erforderlich!

### KAP KALIAKRA ⭐ ✺     [119 F4–5]

Die felsige „Nase" der nördlichen Küste, wenn man die bulgarische Bezeichnung wörtlich übersetzt. Die rötlichen Felsen ragen bis zu 70 m hoch aus dem Meer und bieten einen wunderschönen Ausblick. Früher diente das Kap rund 50 km nordöstlich der Verteidigung, schon die Thraker hatten hier eine Festung errichtet. Überreste der Festungsmauern sind freigelegt und teilweise etwas unbeholfen wieder errichtet worden. Das *Denkmal der toten Mädchen* symbolisiert in einer sehr eigenwilligen Ästhetik den Freitod der Jungfrauen, die den Osmanen als Gegenleistung für die Verschonung der Festung ausgeliefert werden sollten.

Herrliche Steilküste am Kap Kaliakra

Auf dem Weg zum Kap zwischen Kavarna und Kaliakra befindet sich das Dörfchen Bâlgarevo. 300 m davor führt eine einfache Straße rechts in Richtung Meer zur *Muschelfarm Dâlboka*. Die Ausstattung des Restaurants (€€) ist einfach, die Küche einmalig: Muscheln gefüllt mit Reis, Käse oder Äpfeln, Muschelsalate und Suppen. Und vor den Augen der Gäste weitet sich das endlose Blau des Meers.

Insider Tipp

# > BALKAN, BERGE, BADESTRÄNDE

Reisen Sie in die Vergangenheit oder genießen Sie das
mediterrane Flair am Meer

*Die Touren sind auf dem hinteren Umschlag und im Reiseatlas grün markiert*

## 1 ZENTRALBULGARIEN: BALKAN, ROSEN UND GESCHICHTE

Diese Route vereinigt drei landschaftliche Schönheiten: den Balkan, das Tal der Rosen und den Ausblick aufs Mittelgebirge Sredna Gora. Sie führt zu wichtigen Schauplätzen der bulgarischen Geschichte, die vor allem mit der Periode der Nationalen Wiedergeburt und mit dem Befreiungskampf gegen das Osmanische Reich zu tun haben.

Die gesamte Strecke beträgt 150 km. Für die reine Fahrzeit sind zweieinhalb bis drei Stunden zu veranschlagen. Wegen der Sehenswürdigkeiten ist es aber sinnvoll, zwei Tage einzuplanen und über Nacht einen Zwischenstopp in Kazanlâk einzulegen.

Beginnen Sie den Ausflug mit einem Rundgang durch Koprivštica (S. 59). Das bezaubernde Städtchen ist die passende Einstimmung auf diese Tour. Von hier aus sind es 13 km bis

Bild: Landschaft im Balkangebirge

# AUSFLÜGE & TOUREN

zur Landstraße Nr. 6, auf die Sie nach rechts Richtung Kazanlâk und Burgas einbiegen. Nun befinden Sie sich auf der „Linie am Fuße des Balkan" *(podbalkanska linija),* wie sie von den Bulgaren genannt wird.

Die zweite landschaftliche Attraktion beginnt auf der Höhe von Klisura: Ab hier ist die gesamte Strecke bis Kazanlâk (knapp 90 km) gewissermaßen rosengetränkt – freilich nur, wenn Sie während der Blütezeit im Mai oder im frühen Juni fahren. Außerhalb dieser Periode werden Sie auf die Farbenpracht und auch auf den Duft im **Tal der Rosen** *(S. 61)* verzichten müssen.

Von Kazanlâk aus geht es dann auf der E 85 in den Balkan hinein. Auf dem Weg nach Gabrovo ragen zwei Sehenswürdigkeiten heraus: der **Šipka-Pass** *(S. 67)* und das Freilichtmuseum Etâra. Die Gedächtniskirche im Dörfchen **Šipka** und der Blick von dem auf dem Šipka-Gipfel befindlichen **Mahn-**

mal für die gefallenen Bulgaren und Russen gehören zu den Highlights dieser Route. Ein Abstecher zu dem 12 km östlich des Šipka-Passes liegenden Nachbargipfel **Buzludža** ergänzt die Tour. Dort locken ein prächtiger Nationalpark und ein Museum, das einem außerirdischen Raumschiff ähnelt.

Den krönenden Abschluss der Route bilden der Gang durch die nachgebildeten Werkstätten aus der Zeit der Nationalen Wiedergeburt im **Freilichtmuseum Etâra** *(S. 66)* und der anschließende Gaumenschmaus im Weinkeller. Quasi gleich hinter Etâra, die Anhöhe hinauf, befindet sich das **Sokolski-Kloster,** eine wunderschöne Anlage aus der Mitte des 19. Jhs.

Inside Tipp

Wer den Ausflug um einen weiteren Tag verlängern möchte, sollte von Etâra aus das Museumsstädtchen **Boženci** *(S. 66)* und das für seine Architektur aus dem 19. Jh. bekannte Örtchen **Trjavna** *(S. 67)* besuchen. Von dort ist es auch nicht mehr weit bis **Veliko Târnovo** *(S. 62)* und **Arbanasi** *(S. 66)*, einer eindrucksvollen Dorfanlage unter Denkmalschutz.

## 2 RILA UND PIRIN: GEBIRGE, BERGSEEN UND KLÖSTER

Der Südwesten beherbergt die beiden höchsten Gebirgszüge des Landes – Rila und Pirin. Beide sind leicht zugänglich und gehören wegen ihres satten Grüns und der zahlreichen Gebirgsseen zu den beliebtesten Ausflugszielen Bulgariens.

Die Route führt durch beide Gebirgszüge und vermittelt einen Einblick in die landschaftlichen Reize. Am Anfang und Ende der Tour stehen Begegnungen mit der bulgarischen Klosterwelt. Die Route führt vom Rila-Kloster über Rila und Bansko nach Melnik und zum Rožen-Kloster. Die gesamte Wegstrecke beträgt gut 200 km. Bei gemütlichem Tempo wird die reine Fahrzeit zwischen dreieinhalb und vier Stunden betragen. Wenn Sie auch gleich das Rila-Kloster besichtigen wollen, sollten Sie in Bansko einen Zwischenhalt einlegen, wo Sie auch gut übernachten können.

Die größte, bekannteste und vermutlich auch schönste Klosteranlage des Landes – das **Rila-Kloster** *(S. 36)* – steht am Beginn der Route. Mindestens einen halben Tag sollte man für ihre Besichtigung einplanen.

Bulgariens kleinste Stadt: Melnik

# AUSFLÜGE & TOUREN

Auf die Hauptstraße E 79 biegen Sie bei Kočerinovo nach links in Richtung Blagoevgrad ein. Einen Abstecher unbedingt wert ist **Bansko** *(S. 33):* Bei Simitli biegen Sie links auf die Straße nach Gradevo und Razlog ein; von der Abzweigung bis Bansko sind es 43 km.

Stunden bewältigen, doch sollten Sie angesichts der schönen Orte am Wegesrand mindestens eine zweitägige Tour daraus machen. Übernachtungsmöglichkeiten sind praktisch überall vorhanden.

Schon der Beginn der Route bietet eine architektonische Perle: das romantische Städtchen **Nesebâr** *(S. 79).*

Von hohem künstlerischem und architektonischem Wert: das Rožen-Kloster

Zurück auf der E 79 geht es dann südwärts, bis Sie kurz hinter Sandanski nach Melnik abbiegen. In **Melnik** *(S. 37)* sollten Sie sich nicht nur Zeit für einen ausgiebigen Stadtrundgang nehmen, sondern auch für den Fußweg zum nahen **Rožen-Kloster** *(S. 39).*

## 3 MEDITERRANES FLAIR AN DER SÜDLICHEN SCHWARZMEERKÜSTE

Der südliche Teil der Schwarzmeerküste hat die schönsten Strände, die malerischsten Städtchen und eine mediterran anmutende Atmosphäre zu bieten. Die Route führt von Nesebâr über Burgas und Sozopol nach Ahtopol. Die Länge der Strecke beträgt insgesamt rund 130 km. Sie lässt sich zwar in etwas mehr als zwei

Von hier aus geht es südwärts auf der E 87 in Richtung Burgas. Sie werden nichts verpassen, wenn Sie **Burgas** *(S. 77)* ohne längeren Aufenthalt passieren, um umso schneller nach **Sozopol** *(S. 81)* zu gelangen. Südlich von Sozopol erstrecken sich die schönsten Sandstrände Bulgariens und zahlreiche wundervolle Buchten. Hier gibt es einige der besseren Feriensiedlungen: *Kavacite, Djuni, Arkutino.* Nach Süden hin wird es, wieder auf der E 87, immer ruhiger: **Carevos** kleiner Hafen wirkt fast verschlafen. Ab hier folgen Sie nicht mehr der E 87, sondern bleiben am Meer. Die Landstraße führt nach **Ahtopol** *(S. 79),* das wegen seiner Halbinsellage wie eine Miniaturausgabe von Sozopol wirkt.

# EIN TAG IN SOFIA

Action pur und einmalige Erlebnisse.
Gehen Sie auf Tour mit unserem Szene-Scout

## BREAKFAST DE LUXE

**9:00**

Der tiefschwarze Kaffee verströmt seinen Duft, das frisch gebackene Croissant knackt beim Reinbeißen und die Citronade ist so spritzig, dass man garantiert wach wird – das ist Luxus auf Bulgarisch! Im legendären *Café* des *Grand Hotel Bulgaria* starteten früher die Reichen und Schönen in den Tag, heute ist die historische Location der In-Treff von High Society und Kunstszene. So lecker lebt der Jetset! **WO?** *Vienska Sladkarniza, Blvd. Zar Osvoboditel 4 | Tel. 29 87 19 77 | www.bt-ds.com*

---

**10:30**

## RAUF AUFS PFERD

Im Galopp durch die Landschaft preschen, sich den Wind um die Nase streichen lassen und sich einfach frei fühlen: In Bulgarien fängt die Wildnis an! Im Naturpark *Vitoša* wollen dichte Wälder, steinerne Flüsse und tiefe Täler in Winnetou-Manier erobert werden. Die bulgarische Prärie wartet! **WO?** *Konna Baza Nova Zvezda, Kniajevo | Tel. 888 46 63 64 | ca. 8 Euro pro Stunde | www.ezdabg.com*

---

## UMSTEIGEN

**11:30**

Von einem PS wird nun umgerüstet auf 72 PS – einen Jeep. Damit geht es die Berge des Naturparks hinauf und hinunter, bis man an die Goldene Brücke kommt. Doch wen interessiert die Brücke, wenn unter ihr ein wunderbar erfrischender Fluss zur Abkühlung einlädt? Rein in die Fluten und schön cool bleiben. **WO?** *Kniajevo | Tel. 888 46 63 64 | Jeep 15 Euro pro Stunde | www.ezdabg.com*

---

**13:00**

## LUNCHZEIT

Per pedes auf zum Lunch! Die Strecke durch den *Vitoša-Park* ist leicht zu finden: einfach die Nase in den Wind halten und schnuppern. Der verführerische Duft von gebackenen Auberginen, Maismehlpüree und kross gebratenem Schaschlik liegt schon in der Luft und die historische *Vodenitzata* ist nicht mehr weit. Schlemmen und genießen! **WO?** *Dragalevtzi, Vitoša-Park | Tel. 29 67 10 58 | www.vodenitzata.com*

# 24 h

### ADRENALINKICK

**16:00**

Mutige vor! 60 km vor Sofia steht ein Bungeesprung von der mit 120 Metern höchsten Brücke des Balkans auf dem Programm. Nur nicht nach unten blicken! Am besten langsam nach vorne kippen, Arme ausbreiten und sich ins Leere fallen lassen. Der Wachmacher am Nachmittag. Tipp: auch zusehen ist irre! **WO?** *Club Adrenalin | www.clubadrenalin.com | Tel. 08 96 85 63 42 | ca. 26 Euro*

---

**19:00**

### TASTE IT

Schnell zurück in die City, im Keller des Rathauses wird ein Geheimnis gelüftet! Wer schon immer wissen wollte, wie das berühmte Stadtbier gebraut wird, erfährt es jetzt. Der Braumeister höchstpersönlich verrät das Rezept, und jeden letzten Montag im Monat darf man den Hopfentrunk selbst mit herstellen. Anschließend wird probiert. Na dann: Prost! Zum Probier-Bier werden übrigens auch Häppchen gereicht. **WO?** *Birarira „Pri kmeta", Blvd. Paris 3 | Tel. 981 33 99 | www.prikmeta.com | ca. 4 Euro*

---

### DANCING IN THE NIGHT

**22:00**

Ready for Take-off? Jetzt ist Clubbing angesagt. Der angesagte Tanzpalast im ehemaligen Kulturhaus der kommunistischen Gewerkschaften heißt *Sin City* – und hier ist der Name Programm. Auf den drei Dancefloors gibt es nur eines: tanzen, tanzen, tanzen! **WO?** *Blvd Hristo Botev 61 | Tel. 28 10 88 88 | www.sincity-bg.com*

---

**1:00**

### DEM MORGEN ENTGEGEN

Die Nacht ist noch nicht zu Ende. Zum Chill-out geht es ins *Chervilo*. Der ehemalige Armeeclub ist seit der Wende die In-Location für Nachtschwärmer. In den Sofas versinken, den Sounds lauschen und die Nacht ausklingen lassen. **WO?** *Blvd. Zar Osvoboditel 9 | Tel. 29 81 66 33 | www.chervilo.com*

## > VON ALLEM EIN BISSCHEN

Ob zu Wasser, zu Land oder in der Luft –
in Bulgarien lässt sich überall Sport treiben

> Bulgarien hat eigentlich alles, oder besser: von allem ein bisschen, vom Hochgebirge bis zum Meeresstrand, Flüsse, Seen, Mittelgebirge und kulturelle Kostbarkeiten. Und inzwischen weiß man diese Schätze auch touristisch zu nutzen.

Für Touren im Land begibt man sich am besten in die Obhut geschulter Führer, an der Küste sind die Möglichkeiten zu sportlicher Betätigung durch die touristisch ausgebaute Infrastruktur sehr gut. Empfehlenswerte Veranstalter für Aktivurlaub und Extremsport sind Odysseia-In, Sofia, Bul. A. Stambolijski 20V | Tel. 02/989 05 38 | Fax 980 32 00 | www.odysseia-in.com und Bungyspringen Varna | Ulica Pariška komuna 18 | Tel. 052/60 66 15 oder Tel. 02/944 44 02 | www.bungy.bg

**Insi Tip**

### ■ ANGELN

Angeln ist bei vielen Bulgaren sehr beliebt – schon wegen der land-

Bild: Jeepsafari am Sonnenstrand

# SPORT & AKTIVITÄTEN

schaftlichen Reize. Von Sofia aus geht es meistens zum Stausee Iskâr und an die Flussläufe der Struma, von Burgas aus an die Ufer der Kamčija, der Tudža, des Ropotamo oder der Veleka. Auch an der Schwarzmeerküste sitzen viele Angler. Am Goldstrand (Hafen direkt neben dem Amphitheater) bietet sich die Möglichkeit, auf Ausflugsbooten sein Glück zu versuchen und den Haken direkt ins Meer zu werfen.

### ■ ECOTRAILS ■

Mit „Naturspaziergängen" kommt man der englischen Bezeichnung am nächsten. Die kurzen, entspannten Wanderungen durch Flusstäler oder über Mittelgebirge sind nicht nur für ungeübte Wanderer geeignet, sondern auch für Familien mit Kindern. Angebote u. a. über *Odysseia-In* (s. S. 96). Auch Urlaub auf dem Bauernhof  ist in der letzten Zeit äußerst beliebt. *selskiturizam.start.bg*

## JEEPSAFARIS

55 km lang geht es in original russischen Militärjeeps durch das bulgarische Hinterland. Mittagessen am Lagerfeuer runden das Programm ab. Zu buchen z. B. in Albena bei „Albena Tours", *Tel. 05 79/628 48 oder 628 49 | Fax 623 19 | albena tour.com*

## KAJAK

Das oftmals so still und beschaulich anmutende Land hat auch wilde Wasser zu bieten. Ob auf der Donau, der Arda, der Struma oder durch die Iskâr-Schlucht, stets halten Sie sich in einzigartiger Landschaft über Wasser. Entsprechend der Erfahrung der Teilnehmer wird die Tour organisiert. Informationen: *www.kajak.dir.bg* oder *Kanu-Kajak-Klub Arzus | Stara Zagora | Bulevar Car Simeon Veliki 62 | Tel. 08 86 31 72 51 | www.arzus.dir.bg*

## RADFAHREN

Vor allem das Mountainbiking hat in den vergangenen Jahren an Popularität gewonnen, entsprechend ist auch das Angebot an organisierten Touren gewachsen. Landschaftlich am reizvollsten sind die Rhodopen, weil sie nicht so stark bewaldet sind und daher bessere Ausblicke über Wälder und Berge erlauben. Eine schöne Tour für Individualreisende ist z. B. die von Avramovo nach Velingrad (Fahrzeit ca. viereinhalb Stunden). Es werden auch mehrtägige, ein- oder zweiwöchige organisierte Touren angeboten, die u. a. von den Rhodopen ins Rila- und Pirin-Gebirge führen (z. B. *Odysseia-In,* Adresse S. 96).

## REITEN

In verschiedenen Teilen des Balkans, vor allem um Trojan herum, im

Eine der Trendsportarten am Schwarzen Meer: Wasserski fahren

# SPORT & AKTIVITÄTEN

Donautal und im Tal der Rosen gibt es zahlreiche reizvolle Wege für Reiter. Eine besonders empfehlenswerte Gelegenheit zum Reiten finden Sie im größten Gestüt Bulgariens, *Kabijuk,* ca. 12 km von *Šumen* entfernt im Dorf *Konjovec.* Ob Sie eine geführte Tour unternehmen oder nur einen kurzen Ritt an der Longe, zusammen mit einem Besuch des angeschlossenen *Gestütsmuseums (tgl. 8–17 Uhr)* ist Kabijuk auf jeden Fall ein lohnendes Ziel für einen Tagesausflug. Kontakt über *Travelpartner in Varna | Tel. 052/38 25 50 | oder direkt unter Tel. 054/570 57 und 08 88 61 52 05*

## TRENDSPORT

Die junge Generation sucht auch in Bulgarien immer mehr nach Angeboten verrückter Trendsportarten. Neben Bungeespringen sind vor allem Höhlenwandern (S. 61, Höhle Haramijskata) und Klettern sowie Paragliding, Rafting und Jetskiing angesagt.

Insider Tipp

## WANDERN

Die schönsten Wanderrouten befinden sich in den Gebirgszügen, empfehlenswert sind vor allem die Pirin- und die Rila-Wanderungen (s. Kapitel Westbulgarien). Eine besonders attraktive Mischung aus Natur- und Kulturgenuss bietet ein Besuch der Klosteranlage *Sveta Troica* in der Nähe von Veliko Târnovo, die nur zu Fuß erreicht werden kann (ca. eineinhalb Stunden ab der nordwestlichen Seite des Trapezica-Hügels).

Insider Tipp

Inmitten der Rhodopen, versteckt und trotzdem sogar mit dem Auto gut zu erreichen, finden Sie die Wundersamen Brücken *(Čudnite mostovi):*

Insider Tipp

riesige, jahrtausendealte Gesteinsformationen, die sich inmitten der geschlossenen Waldlandschaft erheben. Dort gibt es einfache Hütten als Übernachtungsmöglichkeiten. Im Sommer wird auch ein kleines Restaurant betrieben. *Auf dem Weg von Smoljan nach Plovdiv | ca. 10 km nach Čepelare | Abzweigung in Richtung Zabardo*

## WASSERSPORT

In den touristischen Zentren an der bulgarischen Schwarzmeerküste gibt es zahlreiche Angebote. Tret- und Ruderboote, aber auch Wasserski und Windsurfen sind sehr verbreitet. Die besten Möglichkeiten für Segler bietet Marina Dinevi in *Sveti Vlas | Ulica Edelvais 39 Nessebar | Tel. 05 54/455 06 | Fax 455 26 | www. venidyacht.com*

Insider Tipp

## WELLNESS UND BALNEOLOGIE

In Bulgarien es gibt über 600 natürliche Mineralwasserquellen – ihre Heilkräfte wussten bereits die alten Römer zu schätzen. Die wichtigsten Balneologiezentren heute sind Velingrad [121 E3], Stara Zagora [123 D2] und Sandanski [120 C5]. In allen großen Hotels des Landes wurden in den letzten Jahren moderne Spa- und Wellnesszentren eröffnet, damit liegt Bulgarien voll im europäischen Trend. An der Schwarzmeerküste gibt es Moor- und Schlammbäder. In Pomorie [125 E3], 20 km nördlich von Burgas, bieten viele Hotels Schlammbehandlungen an. *Interhotel Pomorie | Ulica Javorov 3 | Tel. 05 96/224 40 | www.pomorie. com/ih-pomorie | €€ – €€€*

Insider Tipp

# NATÜRLICH ÜBERALL DABEI

Es gibt kaum etwas in Bulgarien,
was Sie nicht auch mit Kindern unternehmen könnten

> **Die Bulgaren sind ausgesprochen kinderlieb. Weil die Kleinen selbstverständlich dazugehören, nehmen Eltern ihre Kinder fast immer überallhin mit.**

Dennoch sind Angebote für die kleinen Gäste in Bulgarien nicht gerade umwerfend und spezielle Einrichtungen für Kinder sind rar. Zwar gibt es überall Spielplätze mit Sandkästen und Rutschen, damit erschöpft sich das Angebot allerdings auch schon. In den großen Ferienhotels am Schwarzen Meer sieht die Lage deutlich besser aus: Hier ähnelt das Unterhaltungsprogramm für Kinder und Jugendliche aller Altersstufen dem in Westeuropa. *www.zadecata.com, deca.start.bg*

### DELPHINARIUM VARNA [119 D5]

Das Delphinarium im Meerespark in Varna bietet sich für einen Familienausflug geradezu an. Man kann verschiedene Shows besuchen oder den Tieren einfach beim Schwimmen und bei der Fütterung zusehen. *Di–So 11, 14 und 15.30 Uhr | Eintritt 8 | Kinder 5 Euro*

### ESSEN GEHEN MIT KINDERN

Viele Gaststätten in Bulgarien haben ihre eigenen Spielplätze. Die Eltern können sich beim Essen Zeit lassen, und die Kinder spielen in Sichtweite. Restaurant *Evergreen* in Plovdiv, *Ulica Vasil Levski* und *Bulevar Bălgaria,* Restaurant *Living room* in Sofia, *Ulica Janko Sakăsov* neben Theater Sofia, Café *1001 Märchen* in Varna, *Ulica Struga* neben dem Kinderkaufhaus Vega.

### KAMČIJA-FLUSSSAFARI [119 D6]

Was der Ropotamo südlich von Burgas, das ist der Kamčija südlich von Varna: ein Naturschutzgebiet mit ausgedehnter, nahezu unzugänglicher Sumpflandschaft. Eine organisierte Tagestour von Varna aus mit Paddelbooten und Grillen am Lagerfeuer ist für Kinder ein spannender Ausflug. *Columbus Tours | Ulica Bregalnitza 16 | Tel. 052/63 59 80 | www.columbus-tour. com | etwa 30 Euro | Ermäßigung für Kinder unter 12 Jahren | Gruppenrabatt*

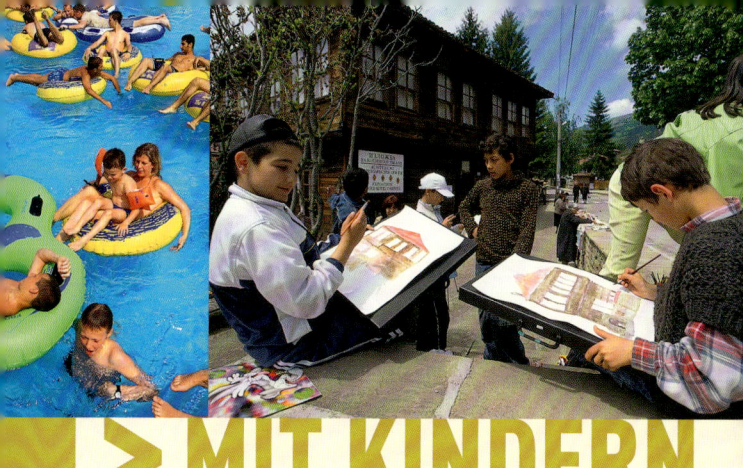

# > MIT KINDERN REISEN

### KINDERANIMATION

Ein Besuch der Kinderdiskothek oder die Begegnung mit den Lieblingsfiguren in einer Puppentheatervorstellung, Ponyreiten, Bungeespringen, Tennis, Minigolf, Computerspiele, Modelleisenbahn, Spielplätze: In den Touristenkomplexen an der Schwarzmeerküste gibt es viele Angebote für die Kleinen. Sie werden von den zahlreichen Kinderanimateuren in Slănčev brjag, Zlatni pjasăci oder Albena unterhalten. Fast alle Hotels bieten spezielle Programme für Kinder zwischen 3 und 12 Jahren und für Jugendliche zwischen 13 und 16 Jahren an.

### KINDERVERGNÜGUNGSKOMPLEX
### PATILANCI IN SOFIA                    [0]

Abenteuerspielplätze, Karussells, Kindereisenbahn, Puppentheater, ein Café mit Kindermenüs: Der Vergnügungspark Patilanci bietet eine Menge Spaß für die ganze Familie, im Sommer und im Winter. Tgl. außer Mo. *Sofia | Mladost 3 | Bulevar Filip Avramov | Tel. 02/974 48 39 | 2 Euro | www.patilanci.com*

### PIRATENSCHIFF LEONARDO          [119 E5]

Einmal Pirat sein, die Meere durchkreuzen, geheimnisvolle Schätze suchen und Meuterer bekämpfen: Der Goldstrand wird zum Piratenstrand auf der *Leonardo.* Mit Verkleiden und Tätowierung. *Travelpartner | Hotel Magnolia am Goldstrand | Tel. 052/38 25 50 | 25 Euro*

### PUPPENTHEATER

In vielen bulgarischen Städten gibt es exzellente professionelle Puppen- und Marionettentheater. An den meisten Vorführungen haben nicht nur Kinder, sondern auch Erwachsene Spaß. Sofia: *Ulica Gen. Josif V. Gurko 14* [U C–D4] und *Bulevar Janko Sakăsov 19* [U F3] *| Tel. 02/ 988 54 16 | www.sofiapuppet.com.* Varna: *Ulica Dragoman 4 | Tel. 052/60 78 44 | www.vnpuppet.com.* Plovdiv: *Ulica Hristo G. Danov 14 | Tel. 032/62 32 79 | www. pptheatre.com.* Ruse: *Ulica Knjažeska 9 | Tel. 082/22 58 04.* Die Vorstellungen finden meist am Wochenende und oft auch unter der Woche statt. *2–4 Euro*

# > VON ANREISE BIS ZOLL

Urlaub von Anfang bis Ende: die wichtigsten Adressen und Informationen für Ihre Bulgarienreise

## ANREISE

### AUTO

Die kürzeste Autoroute führt über Wien, Budapest, Belgrad und Niš bzw. über Graz, Maribor, Zagreb, Belgrad und Niš nach Sofia. Bequem, aber zeitaufwändig ist die Anreise über Italien (Triest, Venedig, Ancona), von dort mit der Fähre nach Griechenland und über Thessaloniki nach Sofia.

### BAHN

Die kürzesten Verbindungen nach Sofia führen über Wien und Belgrad (zweimaliges Umsteigen) oder über Budapest (einmaliges Umsteigen). Von Köln aus dauert die Fahrt nach Sofia über Wien/Belgrad ca. 34 Stunden, über Budapest ca. 38, von Berlin aus über Budapest nach Sofia ca. 30 Stunden.

### BUS

Einige Busunternehmen bieten Linienfahrten nach Sofia an.

### FLUGZEUG

Direkte Linienflüge nach Sofia gibt es derzeit von Berlin, Frankfurt, Köln, München, Hamburg, Wien und Zürich. Bei Charterflugreisen im Sommer werden die Flughäfen am Schwarzen Meer in Varna und in Burgas angeflogen, im Winter die näher zu den Bergen gelegenen Flughäfen im Landesinneren in Sofia und in Plovdiv.

# PRAKTISCHE
# HINWEISE

## AUSKUNFT

**BOTSCHAFT DER REPUBLIK BULGARIEN IN DEUTSCHLAND**
*Mauerstr. 11 | 10117 Berlin | Tel. 030/201 09 22 | www.botschaft-bulgarien.de*

**BULGARISCHES FREMDENVERKEHRSAMT**
*Eckenheimer Landstr. 101 | 60318 Frankfurt | Tel. 069/29 52 84 | Fax 29 52 86 | www.bulgariatravel.org*

**BOTSCHAFT DER REPUBLIK BULGARIEN IN ÖSTERREICH**
*Schwindgasse 8 | 1040 Wien | Tel. 01/505 64 44 | Fax 505 14 23 | amb office@aon.in*

**BOTSCHAFT DER REPUBLIK BULGARIEN IN DER SCHWEIZ**
*Bernastr. 2 | 3005 Bern | Tel. 031/351 14 55 | Fax 351 00 64 | www.bul embassy.ch*

## AUTO

Der nationale Führerschein genügt, die internationale grüne Versicherungskarte ist aber obligatorisch, sonst muss an der Grenze eine Haftpflichtversicherung abgeschlossen werden. Für Schadensregulierung ist ein Polizeiprotokoll erforderlich. Höchstgeschwindigkeiten: Pkw auf Autobahnen 130 km/h, auf Landstraßen 90 km/h, in Ortschaften 50 km/h; Pkw mit Wohnwagen und Motorräder 100/70/50 km/h. Telefonieren im Auto ist nur mit einer Freisprechanlage erlaubt. Vom 1. November bis 1. März ist tagsüber mit Abblendlicht zu fahren. Promillegrenze: 0,5. Pkw, Motorräder und Wohnmobile benötigen eine Vignette. Sie wird an allen Grenzübergängen in drei Varianten verkauft: Sieben Tage kosten 5 Euro, ein Monat 13 und ein Jahr 34 Euro.

## WAS KOSTET WIE VIEL?

| | | |
|---|---|---|
| KAFFEE | **30–90 CENT** | für eine Tasse Espresso |
| IMBISS | **40–60 CENT** | für eine *banica* |
| WEIN | **0,50–1 EURO** | für ein Glas Wein |
| SONNEN-SCHIRM | **2–5 EURO** | für die Miete pro Tag |
| BENZIN | **0,80–1 EURO** | für 1 l Super bleifrei |
| TAXI | **0,30–2 EURO** | pro Kilometer |

Der *Pannendienst* hat die Rufnummer *02/911 46* und *146.* Zuständig für den zentralen Pannendienst ist der *Sâjus na Bâlgarskite Avtomobilisti SBA in Sofia (Ploštad Pozitano 3 | Tel. 02/980 33 08).*

## BANKEN & GELD

Die Ein- und Ausfuhr der Landeswährung ist bis zu einer Summe von 8000 Leva erlaubt. In den meisten

Banken, in größeren Hotels, in einigen Tourismusbüros sowie in privaten Wechselstuben ist der Umtausch möglich. Bankautomaten sind in den größeren Städten und Touristenzentren vorhanden. Luxushotels und Niederlassungen der Autoverleihfirmen akzeptieren die gängigen Kreditkarten. Seltener werden sie auch in Geschäften angenommen.

## CAMPING

Das Land hat ein ausgedehntes Netz an Campingplätzen, von denen sich an den touristisch interessanten Orten mindestens einer und am Schwarzen Meer die gesamte Küste entlang sehr viele finden.

## DIPLOMATISCHE VERTRETUNGEN

### DEUTSCHE BOTSCHAFT IN SOFIA
*Ulica Frederic Jolio-Curie 25 | Tel. 02/91 83 80 | www.sofia.diplo.de*

### ÖSTERREICHISCHE BOTSCHAFT IN SOFIA
*Ulica Šipka 4 | Tel. 02/932 90 32 | ob sofia@online.bg*

### SCHWEIZER BOTSCHAFT IN SOFIA
*Ulica Šipka 33 | Tel. 02/942 01 00 | vertretung@sof.rep.admin.ch*

## WÄHRUNGSRECHNER

| € | LEVA | LEVA | € |
|---|---|---|---|
| 1 | 1,95 | 1 | 0,51 |
| 2 | 3,90 | 2 | 1,03 |
| 3 | 5,84 | 3 | 1,54 |
| 4 | 7,79 | 4 | 2,05 |
| 5 | 9,74 | 5 | 2,57 |
| 6 | 11,69 | 7 | 3,59 |
| 7 | 13,64 | 12 | 6,16 |
| 8 | 15,58 | 25 | 12,83 |
| 9 | 17,53 | 100 | 51,33 |

## EINREISE

EU-Bürger und Schweizer können mit einem gültigen Personalausweis oder mit einem gültigen Reisepass einreisen, eine Visumpflicht besteht nicht. Kinder unter 16 Jahren müssen einen Kinderausweis mit Lichtbild oder einen Kinderreisepass mit sich führen. Individualreisende müssen sich innerhalb von 5 Tagen nach der Einreise bei der Ausländerstelle der Polizei an ihrem Aufenthaltsort registrieren lassen, was normalerweise die Hotels erledigen. Bei der Einreise ist ein in Bulgarien gültiger Krankenversicherungsschutz nachzuweisen.

## FOTOGRAFIEREN

Das Fotografieren militärischer Anlagen ist untersagt. In Kirchen sollten Sie fragen, es wird unterschiedlich gehandhabt.

## GESUNDHEIT

Bei Erkrankungen wenden Sie sich zunächst an die Rezeption im Hotel. Einen Arzt erreichen Sie über Notruf 150. Die medizinische Versorgung ist gut. Es empfiehlt sich, eine Reisekrankenversicherung abzuschließen.

## INTERNET

Die informativsten Internetportale für alle möglichen Themen rund um Bulgarien sind *www.dir.bg | www.online.bg* und *www.search.bg,* jeweils auf Bulgarisch und Englisch. Neuigkeiten auf Deutsch gibt es unter *www.bulgaria.de.* Zahlreiche Informationen über verschiedene Tourismusbereiche finden Sie beispielsweise bei *www.discoverbulgaria.com, www.bulgariatravel.org* und

# PRAKTISCHE HINWEISE

*www.bulgarien-reise.de.* Onlinebuchungen sind teilweise möglich, eine Auswahl von Hotels finden Sie auch auf den Seiten *www.hotelbg.com* und *www.hotelite.net.* Restaurants und Bars gibt es unter *www.restaurant.bg* und *shaker.dir.bg.* Eine relativ gute Übersicht über den Tourismus an der Schwarzmeerküste bietet *www.beach bulgaria.com.* Zusätzliche Informationen über aktuelle Politik, aber auch allgemeine Informationen erhält man über die Nachrichtenwebsites *www.novinite.com* und *www. sofiaecho.com.* Einzelne Städte sind bereits mit eigenen Websites im Internet vertreten. Veranstaltungen und Kulturtipps – z. B. Kinofilme mit englischen Untertiteln – gibt es auf den Seiten *www.programata.bg* und *www.cult.bg.* Fast alle großen Hotels bieten Internetanschlüsse an.

Nur einmal Kapitän sein ...

## INTERNETCAFÉS

Die Infrastruktur ist gut. Man findet in jeder größeren Stadt zumindest ein kleines Internetcafé. Die Ausstattung der Computer ist allerdings oft rudimentär. In den Hochburgen am Gold- und Sonnenstrand führen viele Hotels eigene Internetcafés. Eine kleine Auswahl an Adressen:
– Sofia: *Internet Centre Garibaldi | Ulica Graf Ignatiev 6* [U C4]*; Zonata Net-Gameport | Arena Cinema | Bulevar Todor Aleksandrov 64* [0]
– Varna: *BGZone | Ulica Kjustendža 24*
– Plovdiv: *Internet Club Neo | Ulica Raiko Daskalov 48*

## MIETWAGEN

Das Angebot ist vor allem in den Zentren groß. Die Tagesmiete für Klein- bis Mittelklassewagen beträgt ab ca. 30 Euro plus Kilometergeld. Gezahlt wird mit Devisen, auch Kreditkarten werden oft angenommen. Angebote für Autovermietungen finden Sie z.B. unter *www. rentacarbulgaria.com.*

## NOTRUF

Notruf *Tel. 112* über Mobilfunk, Feuerwehr *Tel. 160,* Notarzt *Tel. 150,* Polizei *Tel. 166*

## ÖFFENTLICHE VERKEHRSMITTEL

Sowohl der innerstädtische wie auch der Überlandverkehr verfügen über ausgedehnte Netze und sind ausgesprochen billig. Im Fernverkehr ist meistens der Bus der Eisenbahn vorzuziehen, über die Busunternehmen kann man sich bei den großen Hotels erkundigen. Man kommt um einiges schneller und komfortabler ans Ziel als mit der

Bahn. Zu empfehlen sind die großen Gesellschaften Etap Adress/Grup plus *etapgroup.com* und Biomet *www.biomet-bg.com*. Abfahrtszeiten an den zentralen Busbahnhöfen. Inlandsflüge sind ebenfalls relativ preiswert.

## ■ÖFFNUNGSZEITEN

In der Regel sind Lebensmittelgeschäfte montags bis freitags von 8–20 Uhr, Bekleidungsgeschäfte von 10–19 Uhr und Banken von 9–16 Uhr geöffnet. Samstags kann man zumindest bis zum Nachmittag Lebensmittel und Textilien kaufen. In fast allen größeren Städten gibt es Lebensmittelgeschäfte, die von Montag bis Sonntag rund um die Uhr geöffnet haben.

## ■POST

Die bulgarischen Postämter sind meist Mo–Sa von 8–18 Uhr geöffnet. Briefmarken sind hier und an einigen Kiosken – zusammen mit Postkarten – erhältlich. Die Portopreise ändern sich häufig, sind aber vergleichsweise niedrig.

## ■PREISE & WÄHRUNG

Währungseinheit ist der Lev (Mehrzahl Leva, 1 Lev = 100 Stotinki). Der Lev ist fest an den Euro gebunden. Nach wie vor sind die Preise für Touristen niedrig, sieht man einmal von den Hotels in den Großstädten und touristischen Zentren und den ausländischen Leihwagen ab. Privatquartiere bekommt man schon für 10 Euro die Nacht. Allerdings sind die Übernachtungspreise, besonders an der Schwarzmeerküste, saison- und nachfrageabhängig.

In einigen Museen gibt es unterschiedliche Eintrittspreise für einheimische und für ausländische Besucher. Dennoch sind die Preise auch für Ausländer mit 2–6 Euro relativ niedrig. In den Klöstern muss kein Eintritt bezahlt werden, kleine Spenden werden jedoch gern gesehen.

## ■STROM

Netzspannung 220 Volt Wechselstrom, die Mitnahme eines Adapters ist empfehlenswert.

## ■TAXI

Ein Taxameter ist Pflicht, Quittung ebenso. Ein Schild mit dem Kilometerpreis muss sichtbar an der Frontscheibe oder am Fenster des Wagens stehen. Fragen Sie den Taxifahrer nach dem Gesamtpreis, bevor Sie einsteigen.

## ■TELEFON & HANDY

Hotels bieten Stadtgespräche häufig sehr günstig, in Sofia größtenteils sogar kostenfrei an. Auslandsgespräche dagegen sind sehr teuer. Zehn Minuten nach Deutschland kosten ca. 5 Euro. Vorwahlen: *0049* nach Deutschland, *0043* nach Österreich, *0041* in die Schweiz. *00359* von Europa nach Bulgarien, dann jeweils die Stadtvorwahl ohne die Null.

Telefonieren mit dem Handy: Beim Roaming spart, wer das günstigste Netz wählt. Mit einer Prepaid-Karte des Gastlandes entfallen die Gebühren für eingehende Anrufe. Prepaid-Karten wie die von Global-Sim (*www.globalsim.net*) oder Globilo (*www.globilo.de*) sind zwar teurer, ersparen aber ebenfalls alle Roaming-Gebühren. Und: Sie bekommen schon zu Hause Ihre neue Nummer. Immer günstig sind SMS.

Hohe Kosten verursacht die Mailbox: noch im Heimatland abschalten!

## WLAN

Über einen WLAN-Internetzugang verfügen Einrichtungen, die sich hauptsächlich in den Großstädten und an der Schwarzmeerküste befinden. Große Hotels haben WLAN, auch einige Restaurants, Cafés, Verkaufsmärkte und die OMV-Tankstellen rund um Sofia. Eine Liste mit den Hotspots gibt es unter *adrianski.blog.bg/viewpost.php?id=50309*

## ZEIT

In Bulgarien gilt die osteuropäische Zeit, das Land ist der mitteleuropäischen Zeit damit um eine Stunde voraus. Die Umstellung auf die Sommerzeit im März und die Rückstellung im Oktober erfolgt parallel zu der in Mitteleuropa.

## ZOLL

Ausländische Währung darf in unbegrenzter Höhe eingeführt werden. Die Ein- und Ausfuhr von Summen von über 8000 Leva (ca. 4080 Euro) und von wertvollen Gegenständen (z. B. Schmuck, Videokameras) ist gegenüber den bulgarischen Zollbehörden schriftlich zu deklarieren. Entsprechende Formulare sind beim Zoll erhältlich, der Durchschlag der Zollerklärung muss bestätigt und bis zur Ausreise aufbewahrt werden.

Im privaten Reiseverkehr dürfen Waren zum eigenen Verbrauch unbegrenzt mitgeführt werden. Einige Ausnahmen: 800 Zigaretten können eingeführt, bei der Rückreise allerdings nur 200 in Bulgarien gekaufte Zigaretten ausgeführt werden. Die Mitnahme von bis zu 10 l Spirituosen ist in beide Richtungen erlaubt. Für Kunstwerke und Antiquitäten gelten strenge Ausfuhrbestimmungen.

## WETTER IN VARNA

| Jan. | Feb. | März | April | Mai | Juni | Juli | Aug. | Sept. | Okt. | Nov. | Dez. |
|---|---|---|---|---|---|---|---|---|---|---|---|
| 4 | 6 | 10 | 15 | 21 | 26 | 29 | 29 | 24 | 20 | 13 | 7 |
| *Tagestemperaturen in ºC* | | | | | | | | | | | |
| −2 | −2 | 2 | 7 | 12 | 16 | 18 | 17 | 14 | 10 | 6 | 0 |
| *Nachttemperaturen in ºC* | | | | | | | | | | | |
| 3 | 3 | 4 | 6 | 8 | 10 | 11 | 11 | 8 | 5 | 3 | 3 |
| *Sonnenschein Std./Tag* | | | | | | | | | | | |
| 6 | 5 | 5 | 7 | 8 | 6 | 3 | 4 | 5 | 6 | 7 | |
| *Niederschlag Tage/Monat* | | | | | | | | | | | |
| 6 | 6 | 7 | 10 | 15 | 19 | 22 | 23 | 21 | 17 | 13 | 9 |
| *Wassertemperaturen in ºC* | | | | | | | | | | | |

# > Говориш ли български

„Sprichst du Bulgarisch?" Dieser Sprachführer hilft Ihnen,
die wichtigsten Wörter und Sätze auf Bulgarisch zu sagen

## Aussprache

Zur Erleichterung der Aussprache sind alle bulgarischen Wörter mit einer einfachen
Aussprache (in der mittleren Spalte) versehen.

Sehr wichtig ist, dass bei mehrsilbigen Wörtern die richtige Betonung eingehalten
wird. Die betonte Silbe ist in der Aussprache durch ein Akzentzeichen (z. B. é) gekennzeichnet.

Weitere Besonderheit: zh wird wie „j" in „Journal" gesprochen.

## ■ AUF EINEN BLICK

| | | |
|---|---|---|
| Ja./Nein. | da./ne. | Да./Не. |
| Vielleicht. | mózhe bi. | Може би. |
| Bitte. | mólja. | Моля. |
| Danke. | blagodarjá/mersí. | Благодаря./Мерси. |
| Vielen Dank! | mnógo wi blagodarjá! | Много ви благодаря! |
| Gern geschehen. | niáma sa kakwó. | Няма за какво. |
| Entschuldigung! | iswinéte! | Извинете! |
| Wie bitte? | mólja? | Моля? |
| Ich verstehe Sie/dich nicht. | ne wi/te rasbíram. | Не ви/те разбирам. |
| Können Sie mir bitte helfen? | mózhete li da mi pomógnete? | Можете ли да ми помогнете? |
| gut/schlecht | dobré/lóscho | добре/лошо |
| Ich möchte … | ískam da … | Искам да … |
| Das gefällt mir (nicht). | towá (ne) mi charésswa. | Това (не) ми харесва. |
| Wie viel kostet es? | kólko strúwa towá? | Колко струва това? |
| Wie viel Uhr ist es? | kólko e tschassát? | Колко е часът? |
| Wo ist die Toilette? | kadé e toalétnata? | Къде е тоалетната? |

## ■ KENNENLERNEN

| | | |
|---|---|---|
| Guten Morgen! | dobró útro! | Добро утро! |
| Guten Tag! | dobár den! | Добър ден! |
| Guten Abend! | dobár wétscher! | Добър вечер! |
| Hallo! Grüß dich! | sdrawéj! sdrásti! | Здравей! Здрасти! |
| Ich heiße … | as se káswam … | Аз се казвам … |
| Wie heißen Sie/ heißt du? | kak se káswate/ káswasch? | Как се казвате/ казваш? |
| Wie geht es Ihnen/dir? | kak ste/si? | Как сте/си? |
| Danke, gut. Und Ihnen/dir? | blagodarjá, dobré sam, a wíe/ti? | Благодаря, добре съм, а вие/ти? |

> *www.marcopolo.de/bulgarien*

# SPRACHFÜHRER BULGARISCH

| | | |
|---|---|---|
| Auf Wiedersehen! | dowízhdane! | Довиждане! |
| Tschüss! | tscháo! | Чао! |
| Bis bald/morgen! | do sskóro/útre! | До скоро/утре! |

## ■ UNTERWEGS

| | | |
|---|---|---|
| links/rechts | naljáwo/nadjássno | наляво/надясно |
| geradeaus | napráwo | направо |
| nah/weit | blíso/dalétsche | близо/далече |
| Ist es weit? | dalétsche li e towá? | Далече ли е това? |
| Bitte, wo ist … | mólja, kadé e … | Моля, къде е …? |
| … der Hauptbahnhof? | … zentrálnata gára? | централната гара |
| … der Busbahnhof? | … aftogárata? | автогарата |
| … der Flughafen? | … aerogárata? | аерогарата |
| Ich möchte ein Auto mieten. | ískam da ssi naéma léka kolá. | Искам да си наема лека кола. |
| Ich habe eine Panne. | ímam powréda. | Имам повреда. |
| Würden Sie mir bitte einen Abschleppwagen schicken? | bíchte li mi prátili awaríen aftomobíl? | Бихте ли ми пратили авариен автомобил? |
| Wo ist hier in der Nähe eine Werkstatt? | íma li túka nablíso aftosserwís? | Има ли тука наблизо автосервиз? |
| Wo ist die nächste Tankstelle? | kadé e náj-blískata bensinostánzia? | Къде е наи-близката бензиностанция? |
| Bitte … Liter … | akó obítschate, … lítra … | Ако обичате, … литра … |
| … Benzin mit 96 Oktan (Super). | … bensín dewedes-sét i schest. | … бензин деветде-сет и шест. |
| … Benzin mit 93 Oktan (Normal). | … bensín dewedes-sét i tri. | … бензин деветде-сет и три. |
| … bleifrei. | … besolówen. | безоловен. |
| … Diesel. | … díselowo goríwo. | дизелово гориво. |
| Volltanken, bitte. | napalnéte do góre, mólja. | Напълнете до горе, моля. |
| Hilfe!/Achtung! | pómoscht!/wnimánie! | Помощ!/Внимание! |
| Rufen Sie bitte … | mólja, powíkajte … | Моля, повикайте … |
| … einen Krankenwagen. | … bársa pómoscht. | … бърза помощ. |
| … die Polizei. | … polízija. | … полицията. |
| … die Feuerwehr. | … pozhárnata | … пожарната |
| Es war meine/ Ihre Schuld. | towá bésche mója/ wáscha gréschka. | Това беше моя/ ваша грешка. |

| Geben Sie mir bitte | mólja, dájte | Моля, дайте |
| Ihren Namen und | mi ímeto i | ми името и |
| Ihre Anschrift. | adréssa si. | адреса си. |

## ■ ESSEN/UNTERHALTUNG

| Wo gibt es hier | kadé íma | Къде има |
| ein gutes Restaurant? | dobár restoránt? | добър ресторант? |
| Gibt es hier eine | íma li nablíso njákakwa | Има ли наблизо |
| gemütliche Kneipe? | prijátna krâtschma? | някаква |
| | | приятна кръчма? |
| Zum Wohl! | nasdráwe! | Наздраве! |
| Bezahlen, bitte. | mólja sa smétkata. | Моля за сметката. |
| Haben Sie einen | ímate li prográma na | Имате ли програма |
| Veranstaltungskalender? | kultúrnite meroprijátija? | на културните |
| | | мероприятия? |

## ■ EINKAUFEN

| Wo finde ich …? | kadé móga da namérja …? | Къде мога да намеря…? |
| Apotheke | aptéka | аптека |
| Bäckerei | chlebárniza | хлебарница |
| Fotogeschäft | magasín sa | магазин за |
| | fotográfski stóki | фотографски стоки |
| Lebensmittelgeschäft | magasín sa | магазин за |
| | chranítelni stóki | хранителни стоки |
| Markt | pasár | пазар |

### Das bulgarische Alphabet und Transkription

| Bulgarischer Buchstabe | | Trans-kription | Bulgarischer Buchstabe | | Trans-kription |
|---|---|---|---|---|---|
| А | а | a | П | п | p |
| Б | б | b | Р | р | r |
| В | в | v | С | с | s |
| Г | г | g | Т | т | t |
| Д | д | d | У | у | u |
| Е | е | e | Ф | ф | f |
| Ж | ж | ž | Х | х | ch (oder h) |
| З | з | z | Ц | ц | c |
| И | и | i | Ч | ч | č |
| Й | й | j | Ш | ш | š |
| К | к | k | Щ | щ | št |
| Л | л | l | Ъ | ъ | â |
| М | м | m | Ю | ю | ju |
| Н | н | n | Я | я | ja |
| О | о | o | | | |

â/ă – entspricht dem dumpfen Laut im englischen „the";
c – wird wie das deutsche z gesprochen; č – entspricht tsch;
dž – etwa wie in „Dschungel"
š – entspricht sch;
v – entspricht dem deutschen w;
z – entspricht dem stimmhaften s in „Rose"; ž – etwa wie in „Journal"

# SPRACHFÜHRER

## ÜBERNACHTUNG

| | | |
|---|---|---|
| Können Sie mir ein Hotel empfehlen? | mózhete li da mi preporâtschate chotél? | Можете ли да ми препоръчате хотел? |
| Ich habe bei Ihnen ein Zimmer reserviert. | reservírach pri was edná stáia. | Резервирах при вас една стая. |
| Haben Sie noch freie Zimmer? | ímate li óschte sswobódni stái | Имате ли още свободни стаи? |
| ein Einzelzimmer | stája s ednó legló | стая с едно легло |
| ein Doppelzimmer | stája s dwe leglá | стая с две легла |
| mit Dusche/Bad | stája s dusch/bánja | стая с душ/баня |
| für eine Nacht | za edná noscht | за една нощ |
| Was kostet das Zimmer … | kólko strúwa stája … | Колко струва стая … |
| … mit Frühstück? | … ssâs zakúska? | … със закуска? |
| … mit Halbpension? | … s polupanssión? | … с полупансион? |

## PRAKTISCHE INFORMATIONEN

| | | |
|---|---|---|
| Können Sie mir einen guten Arzt empfehlen? | mózhete li da mi preporâtschate dobár lékar? | Можете ли да ми препоръчате добър лекар? |
| Hier tut es weh. | tuk me bolí. | Тук ме боли. |
| Wo gibt es bitte… | mólja, kadé ima … | Моля, къде има |
| … eine Bank? | … bánka? | … банка? |
| … eine Wechselstube? | … tschejndsch? | … чейндж? |
| Ich möchte … Euro (Schweizer Franken) in Leva wechseln. | iskam da obmenjá … evro (schwejzárski fránka) za léwowe. | Искам да обменя … евро (швейцарски франка) за левове. |
| Was kostet … | kólko strúwa … | Колко струва … |
| … ein Brief … | … pismó … | … писмо |
| … eine Postkarte … | … póschtenska … kártitschka … | … пощенска картичка |
| … nach Deutschland? | … do germánija? | … до Германия? |

## ZAHLEN

| | | | | | |
|---|---|---|---|---|---|
| 0 | núla | нула | 11 | edinájsset | единайсет |
| 1 | ednó | едно | 12 | dwanájsset | дванайсет |
| 2 | dwe | две | 20 | dwájsset | двайсет |
| 3 | tri | три | 21 | dwájsset i ednó | двайсет и едно |
| 4 | tschétiri | четири | 50 | pedessét | петдесет |
| 5 | pet | пет | 100 | sto | сто |
| 6 | schest | шест | 101 | sto i ednó | сто и едно |
| 7 | ssédem | седем | 1000 | chiljáda | хиляда |
| 8 | óssem | осем | 10000 | désset chíliadi | десет хиляди |
| 9 | déwet | девет | 1/2 | edná polowína | една половина |
| 10 | désset | десет | 1/4 | edná tschétwârt | една четвърт |

# REISEATLAS BULGARIEN

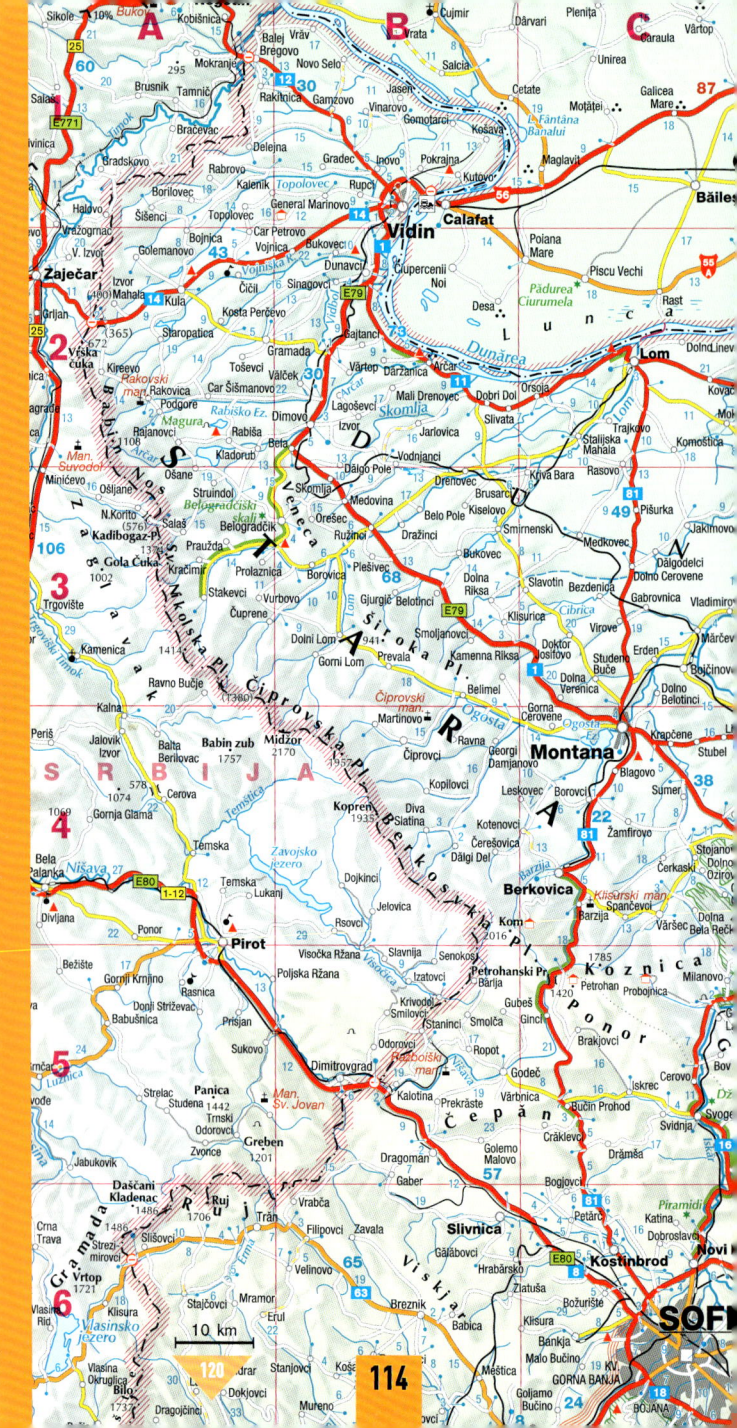

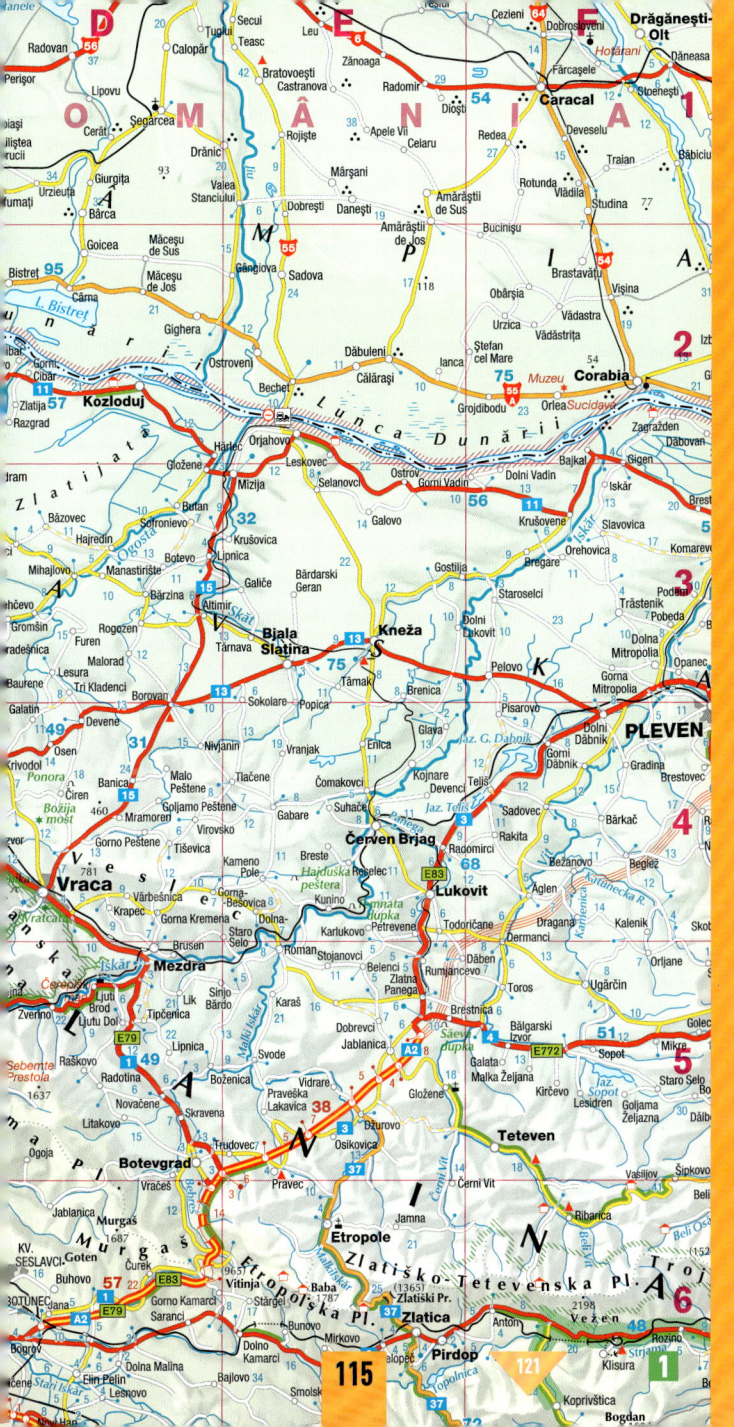

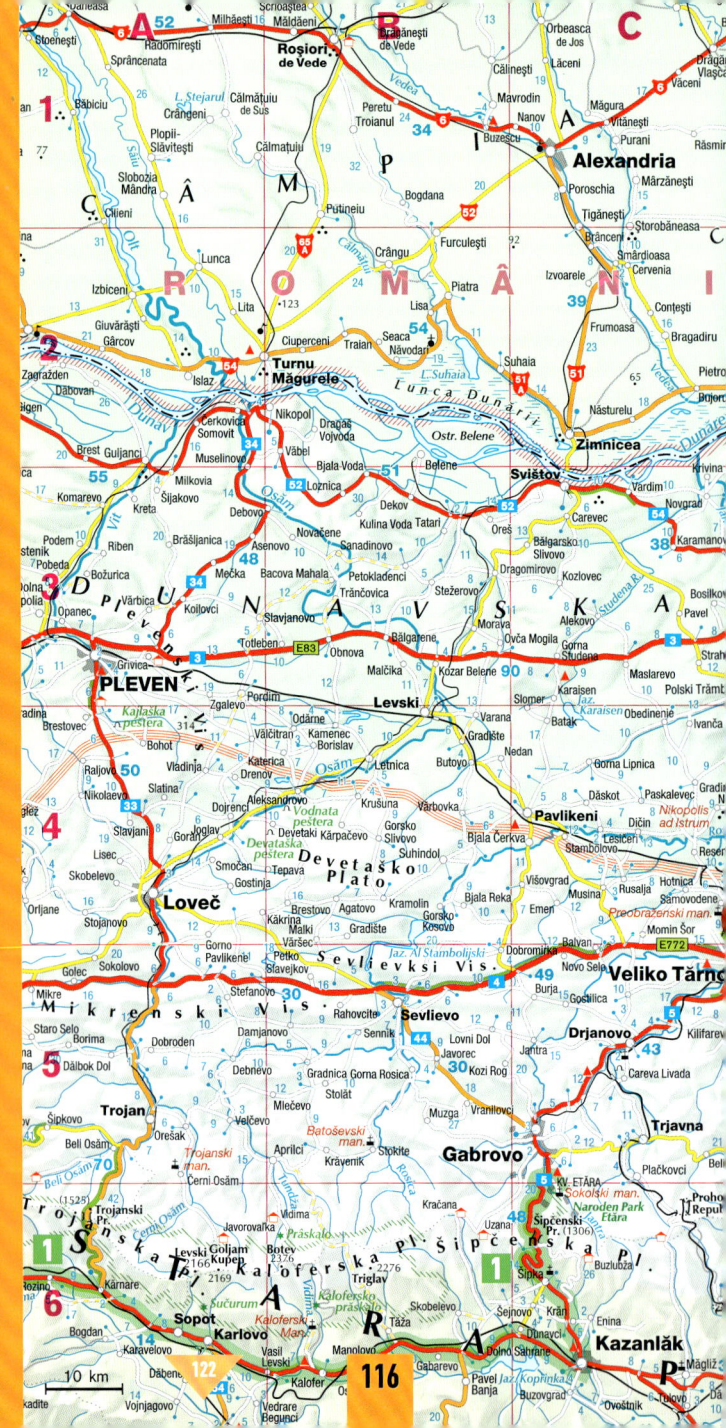

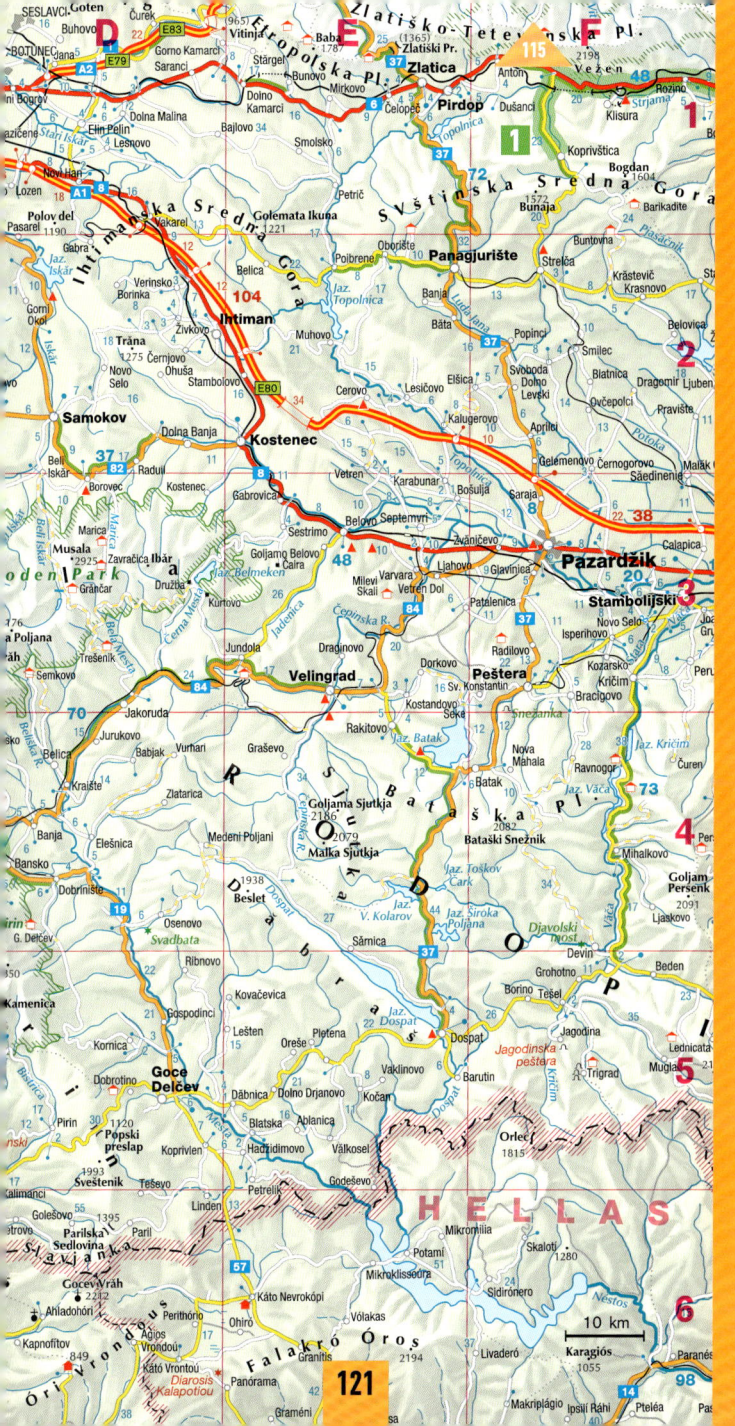

| | |
|---|---|
| Autobahn mit Anschlussstellen<br>Motorway with junctions | Sehenswürdigkeit<br>*Kosciol farny*<br>Object of interest |
| Autobahn in Bau<br>Motorway under construction | Badestrand<br>Bathing beach |
| Mautstelle<br>Toll station | Besonders schöner Ausblick<br>Important panoramic view |
| Raststätte mit Übernachtung<br>Roadside restaurant and hotel | Ausflüge & Touren<br>Excursions & tours |
| Raststätte<br>Roadside restaurant | Nationalpark, Naturpark<br>National park, nature park |
| Tankstelle<br>Filling-station | Sperrgebiet<br>Prohibited area |
| Autobahnähnliche Schnell-<br>straße mit Anschlussstelle<br>Dual carriage-way with<br>motorway characteristics<br>with junction | Kirche<br>Church |
| Fernverkehrsstraße<br>Trunk road | Moschee<br>Mosque |
| Durchgangsstraße<br>Thoroughfare | Kloster<br>Monastery |
| Wichtige Hauptstraße<br>Important main road | Schloss, Burg<br>Palace, castle |
| Hauptstraße<br>Main road | Ruinen<br>Ruins |
| Nebenstraße<br>Secondary road | Leuchtturm<br>Lighthouse |
| Fernverkehrsbahn<br>Main line railway | Turm<br>Tower |
| Autozug-Terminal<br>Car-loading terminal | Höhle<br>Cave |
| Bergbahn<br>Mountain railway | Ausgrabungsstätte<br>Archaeological excavation |
| Kabinenschwebebahn<br>Aerial cableway | Feriendorf<br>Tourist colony |
| Sessellift<br>Chair-lift | Motel<br>Motel |
| Eisenbahnfähre<br>Railway ferry | Jugendherberge<br>Youth hostel |
| Autofähre<br>Car ferry | Allein stehendes Hotel<br>Isolated hotel |
| Schifffahrtslinie<br>Shipping route | Berghütte<br>Refuge |
| Landschaftlich besonders<br>schöne Strecke<br>Route with<br>beautiful scenery | Campingplatz<br>Camping site |
| Touristenstraße<br>*Alleenstr.*<br>Tourist route | Flughafen<br>Airport |
| Wintersperre<br>*XI-V*<br>Closure in winter | Flugplatz<br>Airfield |
| Straße für Kfz gesperrt<br>Road closed to motor traffic | Staatsgrenze<br>National boundary |
| Bedeutende Steigungen<br>*8%*<br>Important gradients | Verwaltungsgrenze<br>Administrative boundary |
| Für Wohnwagen nicht<br>empfehlenswert<br>Not recommended<br>for caravans | Grenzkontrollstelle<br>Check-point |
| Für Wohnwagen gesperrt<br>Closed for caravans | Grenzkontrollstelle mit<br>Beschränkung<br>Check-point with<br>restrictions |
| | **PARIS**<br>Hauptstadt<br>Capital |
| | MARSEILLE<br>Verwaltungssitz<br>Seat of the administration |

*Im Register sind alle in diesem Reiseführer erwähnten Orte und Ausflugsziele verzeichnet. Halbfette Seitenzahlen verweisen auf den Haupteintrag, kursive auf ein Foto.*

# IMPRESSUM

## > SCHREIBEN SIE UNS!

*Liebe Leserin, lieber Leser,*

wir setzen alles daran, Ihnen möglichst aktuelle Informationen mit auf die Reise zu geben. Dennoch schleichen sich manchmal Fehler ein – trotz gründlicher Recherche unserer Autoren/innen. Sie haben sicherlich Verständnis, dass der Verlag dafür keine Haftung übernehmen kann.

Wir freuen uns aber, wenn Sie uns schreiben.

Senden Sie Ihre Post an die MARCO POLO Redaktion, MAIRDUMONT, Postfach 31 51, 73751 Ostfildern, info@marcopolo.de

## IMPRESSUM

Titelbild: Rosenfest in Kazanlâk (Transit-Archiv: Schulze)
Fotos: G. Diran (131); Fotolia: J. Chaves (95 o.), A. Zander (94 M. r.); O. Gemeinhardt (13 o.); R. Hackenberg (112/113); HB Verlag: Schulze (27, 45, 50, 68/69, 86/87, 90/91, 100/101); © iStockphoto.com: jacomstephens (94 M. l.), Mike Panic (13 u.), mountainberryphoto (15 u.), ValuaVitaly (94 u.), YanC (12 u.); Jürgens Photo (18); Laif: Hemispheres (70), Henseler (76/77), Kaiser (24/25), Tophoven (8/9, 62); Mauritius: Flüeler (11, 40), Imagebroker.net (30/31), O'Brien (28); Payner Ltd/ Planet Studio: J. Petkov (14 u.); Pictor International (2. r.); R. Petrov (12 o., 14 M., 15 o., 94 o., 95 M. r., 95 M. l., 95 u.); D. Renckhoff (U. 1., 2 l., 3 M., 33, 39, 66, 73, 85, 93, 105); Schapowalow: Scholz (22/23); Schuster: Postl (37); T. Stankiewicz (52/53); Uno Sofia (14 o.); Transit-Archiv: Schulze (U. M., U. r., 1, 3 l., 3 r., 4 l., 4 r., 5, 6/7, 16/17, 19, 21, 22, 23, 26, 28/29, 29, 32, 35, 36, 42/43, 47, 48, 54, 56, 59, 60, 64/65, 67, 72, 74, 78, 80/81, 82, 89, 92, 96/97, 98, 100, 101)

9, aktualisierte Auflage 2008
© MAIRDUMONT GmbH & Co. KG, Ostfildern
Verlegerin: Stephanie Mair-Huydts; Chefredaktion: Michaela Lienemann, Marion Zorn
Autorin: Galina Diran; Redaktion: Daniela Fois
Programmbetreuung: Leonie Dlugosch, Nadia Al Kureischi; Bildredaktion: Gabriele Forst, Helge Rösch
Szene/24h: wunder media, München
Kartografie Reiseatlas: © MAIRDUMONT, Ostfildern
Innengestaltung: Zum goldenen Hirschen, Hamburg; Titel/S. 1–3: Factor Product, München
Sprachführer: in Zusammenarbeit mit Ernst Klett Sprachen GmbH, Stuttgart, Redaktion PONS Wörterbücher

# FÜR IHRE NÄCHSTE REISE
## gibt es folgende MARCO POLO Titel:

## MARCO POLO Autorin Galina Diran im Interview

**Galina Diran ist in Sofia aufgewachsen. Die freiberufliche Fernsehjournalistin arbeitet hauptsächlich in den Bereichen Kultur und Tourismus**

die Hauptstadt Sofia, denn ich schnuppere gern Großstadtluft. An der Schwarzmeerküste gefällt mir die Stadt Varna, auch die Küste nördlich von Balchik bis zur rumänischen Grenze und der Abschnitt südlich von Sozopol bis zur türkischen Grenze haben einen ganz besonderen Reiz.

### Wo leben Sie?

Ich bin in Sofia geboren und aufgewachsen. Inzwischen lebe ich seit 23 Jahren in Deutschland, in Rostock.

### Was reizt Sie an Bulgarien?

Mich reizt die Vielfalt der Natur, ich finde die lauen Sommerabende wunderschön, mir gefällt die bulgarische Volksmusik und mir schmeckt die Küche. Was ich nicht mag, ist, dass man dort viel verspricht, aber sich nicht immer daran hält.

### Was machen Sie beruflich?

Ich bin freiberufliche Journalistin und arbeite schwerpunktmäßig in den Themengebieten Kultur und Tourismus.

### Reisen Sie oft nach Bulgarien?

Ich bin oft in Bulgarien, weil meine Mutter und andere Verwandte da leben. Wenn ich dort bin, fahre ich gern zum Wandern in die Berge. Ich finde die Berge großartig, die frische Luft, die kristallklaren Seen, die netten und bescheidenen Menschen, die dort wohnen. Ich besuche natürlich auch

### Was prädestiniert Sie als MARCO POLO Autorin?

Mich interessieren sowohl die Landschaften als auch die Menschen. Es ist spannend zu beobachten, wie sich das Land ständig verändert. Als gebürtige Bulgarin habe ich den Draht zu den Menschen und kenne die Innenperspektive. Dass ich inzwischen als Journalistin in Deutschland lebe, ermöglicht mir, zugleich mit der nötigen Distanz auf das Land zu blicken.

### Womit verbringen Sie Ihre Freizeit?

In der Freizeit tanze ich Salsa, fahre Ski, treffe mich mit Freunden, spiele Bridge.

### Mögen Sie die bulgarische Küche?

Ich mag die bulgarische Küche sehr. Meine Lieblingsgerichte sind Musaka mit Auberginen, Šopska-Salat mit Schafskäse, Kjopoolu und Tarator.

### Wollen Sie wieder in Bulgarien leben?

Ich kann mir vorstellen, in Bulgarien *und* in Deutschland zu leben. Letztlich sind die Unterschiede nicht so groß.

# > BLOSS NICHT!

## Auch in Bulgarien gibt es Dinge, die man besser lässt

### Alkohol am Steuer

0,5 Promille sind zwar auch in Bulgarien zulässig, trotzdem müssen Sie aufpassen, denn besonders bei den beliebten Selbstgebrannten *rakia* ist jede Berechnungsmethode sehr unzuverlässig.

### Zustimmend nicken

Es werden kaum Situationen zu vermeiden sein, in denen man sich nonverbal verständigen muss. Damit keine Missverständnisse entstehen: Wenn die Bulgaren nicken, das heißt den Kopf einmal von unten nach oben und dann langsam zurückziehen, dann heißt das „nein!". Wenn sie den Kopf schütteln, das heißt, ihn nach links und dann nach rechts ziehen und das Ganze bei heftiger Zustimmung wiederholen, dann heißt das „ja!". Wenn Sie also jemandem nonverbale Zustimmung signalisieren wollen – hüten Sie sich vor dem Nicken!

### Leichtsinnig sein

Die wachsende Kriminalitätsrate in den letzten Jahren hat bei vielen Bulgaren große Beunruhigung hervorgerufen. Spektakuläres kursiert über „die russische" oder „die türkische" Mafia. Zwar besteht kein Anlass zur Panik, aber Bulgarien ist nicht mehr wie früher ein durchweg sicherer Hort. Daher sind Vorsichtsmaßnahmen angebracht: Wertvolles mit sich tragen und festhalten, das Auto unbedingt – auch tagsüber – bewacht parken und nicht zum Ausstellungsgelände für Kameras, Handtaschen und anderes umfunktionieren, nicht mit einem dicken Valutabündel wedeln. Handys sind ein bevorzugtes Diebesgut!

### Nachts spazierengehen

Vorsicht im Dunkeln! Nicht die Diebe, sondern die Schlaglöcher in den Straßen sind eine Gefahr für die Fußgänger, der Sie mit einer Taschenlampe aus dem Weg gehen können.

### Sich von Schwarzmarkthändlern ansprechen lassen

Auf der Straße zu tauschen lohnt sich nicht und ist zudem noch illegal. Wenn auch seltener als früher, gibt es immer noch einige Passanten, die Touristen auf Geldumtausch ansprechen. Zumeist wird das Angebot etwas günstiger sein als der übliche Durchschnittskurs. Gehen Sie in keinem Fall auf das noch so verlockende Angebot ein, denn in Bulgarien gibt es geschickte Geldfälscher. Vorsicht ist auch angesagt, wenn Sie gebeten werden, größere Scheine in kleinere zu wechseln. Achtung auch in Wechselstuben: In einigen ist die Provisionsgebühr sehr hoch. Behalten Sie Ihr Geld stets im Auge, und verlangen Sie eine Quittung! Lassen Sie sich kleine Scheine geben, um Wechselprobleme zu vermeiden. Wesentlich sicherer wechseln Sie in einer Bank. Am einfachsten ist es, Sie heben Geld am Geldautomaten ab.